中国软科学研究丛书

丛书主编：张来武

"十一五"国家重点图书出版规划项目

国家软科学研究计划资助出版项目

城市能源生态化供应与管理

孙 岩　陈利顺　著

科学出版社

北京

内 容 简 介

协调能源供应与生态环境之间的关系以保证我国经济持续健康发展，寻求一条有利于可持续发展的、能够减少污染的能源供应与消费之路，是我国城市经济发展过程中必须解决好的一个重要课题。为此，本书以当前二元经济结构下能源消费的主体——城市为研究对象，根据世界能源发展趋势和国内能源供应现状，针对目前城市能源供应过程中存在的普遍问题，提出了能源生态化供应的概念，并针对城市能源生态化供应评价体系、居民能源消费行为、能源生态化供应实现路径和引导政策等关键问题展开研究，最后提出了实现城市能源生态化供应的对策及建议。

本书可供各级政府能源管理部门的相关工作人员及能源规划和管理、技术开发等领域的学者和研究生参考使用。

图书在版编目(CIP)数据

城市能源生态化供应与管理/孙岩，陈利顺著．—北京：科学出版社，2013
(中国软科学研究丛书)
ISBN 978-7-03-038667-0

Ⅰ. ①城… Ⅱ. ①孙… ②陈… Ⅲ. ①城市-能源供应-研究-中国②城市-能源管理-研究-中国 Ⅳ. ①F206

中国版本图书馆 CIP 数据核字（2013）第 224400 号

丛书策划：林 鹏 胡升华 侯俊琳
责任编辑：邹 聪 闵敬淞/ 责任校对：桂伟利
责任印制：徐晓晨/ 封面设计：黄华斌 陈 敬
编辑部电话：010-64035853
E-mail：houjunlin@ mail. sciencep. com

科学出版社出版
北京东黄城根北街 16 号
邮政编码：100717
http://www.sciencep.com

北京厚诚则铭印刷科技有限公司 印刷
科学出版社发行 各地新华书店经销

*

2013 年 8 月第 一 版 开本：B5（720×1000）
2015 年 6 月第二次印刷 印张：10 1/2
字数：197 000

定价：58.00 元

（如有印装质量问题，我社负责调换）

“中国软科学研究丛书”编委会

总 序 PREFACE

软科学是综合运用现代各学科理论、方法，研究政治、经济、科技及社会发展中的各种复杂问题，为决策科学化、民主化服务的科学。软科学研究是以实现决策科学化和管理现代化为宗旨，以推动经济、科技、社会的持续协调发展为目标，针对决策和管理实践中提出的复杂性、系统性课题，综合运用自然科学、社会科学和工程技术的多门类多学科知识，运用定性和定量相结合的系统分析和论证手段，进行的一种跨学科、多层次的科研活动。

1986 年 7 月，全国软科学研究工作座谈会首次在北京召开，开启了我国软科学勃兴的动力阀门。从此，中国软科学积极参与到改革开放和现代化建设的大潮之中。为加强对软科学研究的指导，国家于 1988 年和 1994 年分别成立国家软科学指导委员会和中国软科学研究会。随后，国家软科学研究计划正式启动，对软科学事业的稳定发展发挥了重要的作用。

20 多年来，我国软科学事业发展紧紧围绕重大决策问题，开展了多学科、多领域、多层次的研究工作，取得了一大批优秀成果。京九铁路、三峡工程、南水北调、青藏铁路乃至国家中长期科学和技术发展规划战略研究，软科学都功不可没。从总体上看，我国软科学研究已经进入各级政府的决策中，成为决策和政策制定的重要依据，发挥了战略性、前瞻性的作用，为解决经济社会发展的重大决策问题作出了重要贡献，为科学把握宏观形势、明确发展战略方向发挥了重要作用。

20多年来，我国软科学事业凝聚优秀人才，形成了一支具有一定实力、知识结构较为合理、学科体系比较完整的优秀研究队伍。据不完全统计，目前我国已有软科学研究机构2000多家，研究人员近4万人，每年开展软科学研究项目1万多项。

为了进一步发挥国家软科学研究计划在我国软科学事业发展中的导向作用，促进软科学研究成果的推广应用，科学技术部决定从2007年起，在国家软科学研究计划框架下启动软科学优秀研究成果出版资助工作，形成“中国软科学研究丛书”。

“中国软科学研究丛书”因其良好的学术价值和社会价值，已被列入国家新闻出版总署“‘十一五’国家重点图书出版规划项目”。我希望并相信，丛书出版对于软科学研究优秀成果的推广应用将起到很大的推动作用，对于提升软科学研究的社会影响力、促进软科学事业的蓬勃发展意义重大。

科技部副部长

2008年12月

序 PREFACE

能源对人类社会的发展起着至关重要的推动作用。然而，20 世纪 90 年代以来，伴随着煤炭、石油等传统资源的过度开采与滥用，生态环境日益恶化，能源供应危机不断加剧，对人类社会的可持续发展造成了严重威胁，引起了世界各国政府的高度关注。

我国的经济发展以能源的过度消耗、环境的严重污染为代价，环境污染和生态破坏已成为我国面临的最大挑战。寻求一条既节能减排，又有利于可持续发展的能源供应与消费之路，是我国乃至世界经济发展过程中必须解决好的一个重要课题。

著者近年来一直致力于我国能源管理与政策的研究工作，多次参与城市能源供应方案的设计与论证，积累了深厚的理论功底与丰富的实践经验。在相关课题的资助下，著者带领其团队开展了深入的研究工作，在国内外重要期刊上发表了多篇高水平的学术论文，其富有价值的研究成果充分体现了著者强烈的社会责任感和严谨的治学态度。

《城市能源生态化供应与管理》一书是著者多年研究成果的总结与凝练，其中提出的能源供应相关理论和方法，具有很好的理论意义和应用价值，可以在实践中参考。该书以我国能源供应现状及发展趋势为出发点，立足学术前沿，积极探索我国能源生态化供应的科学发展对策；通过构建城市能源生态化供应的层次结构模型，建立了完整的城市能源生态化供应水平测度体系，并对我国城市居民的能源消费行为进行评价；在此基础上，对比我国与发达国家的城市能源供应情况，提出我国城市能源生态化供应的实现路径，探讨城市能源生态化供应的对策及建议。该书的内容和主旨，本质上是在城市能源生态化供应与管理领域，支持和实践国家绿色发展战略目标。

祝贺专著成功问世，也期望著者能够继续深入研究，为我国经济增长与生态环境的协调发展提供帮助。

大连理工大学生态规划与发展研究所、
国际生态安全研究所所长，博士生导师

2013年3月

前言 FOREWORD

近年来，我国的经济发展以高能耗、重污染为代价，导致煤炭、石油资源面临枯竭，生态环境严重破坏等一系列问题。经济发展与能源供应、生态环境之间所存在的尖锐矛盾，是目前及未来很长时间内我国所面临的重大挑战。如何协调能源供应与生态环境之间的关系以保证我国经济持续健康发展是当前亟待解决的重要课题，也是本书出版的主要动力。

在国家自然科学基金青年科学基金项目（项目编号：71103025）、国家软科学研究计划资助出版项目（项目编号：2011GX9K008）、辽宁省社会科学规划基金立项课题（项目编号：L10DGL018）等多项课题的支持下，笔者将多年的能源管理理论与实践进行总结与提炼，形成本书，围绕城市能源生态化供应这一核心内容开展了大量深入的研究，希望能够为推动我国城市能源供应的生态化进程提供支持。本书主要探讨了以下四个方面的问题。

（1）系统阐述了发达国家能源生态化供应及可再生能源发展的现状，并从能源供应结构、利用效率、节能等方面对我国几个典型城市进行对比分析，提出能源供应要遵循减量化、再利用和再循环的指导思想，运用生态学中的循环再生原则改造城市能源供应体系，提高城市能源使用效率。

（2）通过分析城市能源生态化供应的特点及标准，构建城市能源生态化供应的层次结构模型；在此基础上，建立了完整的测度指标体系，可用于评价城市能源生态化供应的方案。

（3）应用实证研究、专家访谈等管理研究方法对城市居民能源消费的态度、行为进行分析评价，建立了城市居民能源消费行为评价体系，为设计城市清洁能源实现路径提供依据。

（4）对城市能源生态化供应的实现路径展开研究，提出政策扶持、技术推动、政府引导三种模式。在此基础上，探讨城市能源生态化供应的对策及建议，为城市能源供应方案的决策提供理论指导。

在项目研究与本书撰写过程中，杨卫华、冯立芳、江凌、范明辉、王秀平等老师和同学参与了部分基础资料搜集、文献整理和文字校对工作，在此表示衷心的感谢。

由于作者的水平有限，不足之处在所难免，敬请业内专家和广大读者批评指正。

作　者

2013年3月

目 录 CONTENTS

第一章 引言

半个世纪以来，世界上大多数国家都完成了由煤炭时代向石油时代的转变，现在正向石油、天然气时代过渡。从各国发展趋势看，工业化国家无一例外均采用了以油、气燃料为主的能源供应方式。逐步减少固体燃料在能源结构中的比例是世界各国提高能源效率、降低能源系统成本、提供优质能源服务的必然选择。

面对能源的潜在危机和生态环境的不断恶化，发达国家（如美国、日本），开始大力发展风电、太阳能、生物能等可再生能源，努力实现经济及社会的可持续发展。在过去几年内，全球风电和光伏发电的年增长率均高达30%以上，欧盟风力发电成本在过去5年间下降了20%，进入了大规模发展阶段。欧盟2009年可再生能源发电量占总发电量的19.9%，还确立了到2050年可再生能源在能源供应中占50%以上的目标。到21世纪下半叶，可再生能源将逐渐取代化石能源而成为世界能源体系的支柱（王祯，2010）。

总之，世界能源消费呈现如下趋势，即能源消费已经逐步摆脱了对煤炭的依赖，一次能源结构趋向多元化，将更多地使用电力和优质能源，如天然气、石油制品、甲醇及氢气等；可再生能源比例逐步扩大，终端能源结构趋向更灵活、方便及洁净的能源形式。

我国长期以来实行的是以煤炭为基础的能源发展策略，这一策略近年来受到了可持续发展的巨大挑战。我国目前是全球第一煤炭消费大国，近年来，我国煤炭产量的高速增长主要是通过大型煤矿超能力生产和乡镇小煤矿产量急速增加来实现的。而这种高强度、大幅度、超能力增产，将使煤炭行业的产能比进一步失调，进而影响煤炭连续、稳定供应。

我国能源消费结构中，煤炭占70.4%，天然气占4.5%，石油占17.7%，核能占0.7%，水能占6%；而世界同期能源消耗量构成的平均比例是：煤炭占30.3%、石油占33.1%、天然气占23.7%、核能占4.9%。可见，我国的天然气和核能等开发明显不足，而石油又强烈依赖进口，能源结构失调的局面显然跟不上经济发展的步伐（庞名立，2012）。

根据国家发展和改革委员会能源研究所2003年的分析预测，未来中国石油、天然气需求增长较快，预计到2020年，中国石油需求量为5.63亿吨，年均递增12%，天然气在一次能源消费中，所占比例也将由2003年的2.9%增长到10%以上，我国一次能源的总需求为25亿～33亿吨标准煤，将是2000年的2倍。

同时，以煤炭为主的能源消费结构，使得我国目前的能源利用效率水平、单位产品耗能与西方发达国家相比，存在很大的差距。2001 年，中国终端能源用户能源消费的支出为 1.25 万亿元，占国内生产总值（GDP）总量的比例为 13%，而美国仅为 7%。我国单位产品的能耗水平较高，目前 8 个高能耗行业的平均单位产品能耗比世界先进水平高 47%，而这 8 个行业的能源消费占工业部门能源消费总量的 73%（黄乐桢，2003）。按当前经济发展速度，2020 年我国人均 GDP 将超过 1 万美元，从实现工业化国家的经验看，在人均 GDP 达到 1 万美元（即相当于中等发达国家水平）之前，其人均能源消费量增长较快，人均能源消费量和经济发达水平有明显正相关关系。

目前是我国实现工业化的关键时期，也是经济结构、城市化水平、居民消费结构发生显著变化的阶段。反映到能源领域，我国的能源供应、消费结构就必须得到优化。国家发展和改革委员会能源研究所的研究（国家能源战略课题组，2003）表明，能源结构的优化进程对能源需求总量影响很大。敏感性分析表明，能源消费结构中煤炭的比重每下降 1 个百分点，相应的能源需求总量可降低 2000 万吨标准煤。因此，我国必须改变以煤炭为主的能源消费结构现状，同世界能源供应结构接轨。

我国经济的高速增长是建立在能源高消耗基础之上的。2003 年我国消耗的各类国内资源和进口资源约合 50 亿吨，而创造的 GDP 仅相当于世界的 4%，投入产出比例明显低于国际平均水平。我国单位 GDP 的废水、固体废弃物排放水平都大大高于发达国家。由于经济增长方式粗放，付出的资源环境代价过大，加剧了能源、资源短缺的压力，带来了能源供应的紧张。

针对经济发展过程中出现的能源紧张的突出问题，我国已经确立建设节能型社会的战略，积极推动全社会节能，要求用少量的能源消耗，尽可能地实现循环再利用，支撑社会的可持续发展。此外，为了增加能源供应，改善能源结构，保障能源安全，保护环境，我国已经通过《中华人民共和国可再生能源法》，采用产业指导与技术支持、推广与应用、价格管理与费用分摊、经济激励与监督等措施方案，鼓励各种可再生能源的开发利用。

但是，我国长期以来形成了以煤炭为主的能源结构，水电、风电、生物质气化等新技术利用的可再生能源量每年只有约 5200 万吨标准煤，仅占全国一次能源总消费量的 3%，加之年人均能源消费量逐年增加，能源资源供应逐渐显得相对不足。这些都成为近年来影响我国社会、经济与环境可持续发展的一个极为重要的限制因素。因此，如何寻求一条有利于可持续发展的、能够减少污染的能源供应与消费之路，是我国城市经济发展过程中必须解决好的一个重要课题。

为此，本书根据世界能源发展趋势和中国能源供应现状，针对目前城市能源供应过程中存在的普遍问题，提出了能源生态化供应的概念，并就相关理论作了探讨。在分析国内典型城市能源供应现状和经验的基础上，结合沿海城市能源供应的实际情况，在城市能源生态化供应理论的指导下，提出了沿海城市能源生态化供应的方案和对策，以提升我国城市的能源生态化供应水平，为我国经济的长期、持续、稳定发展提供保障。

第一节 城市能源生态化供应的内涵

所谓的城市能源生态化供应，是指一种在整个城市的能源供应链中综合考虑环境影响和能源利用效率的现代能源供应模式。它以循环经济、工业生态理论和能源供应链管理技术为基础，其目的是使能源的开采、加工、运输、使用、处理的整个过程对环境影响最小，并使能源利用效率达到最高，从而将能源供应链与环境协调起来，最终实现能源供应的可持续发展。

能源供应链则是指围绕着能源活动主体，通过对能源的信息流、物流和资金流的控制，从能源开发开始，经过能源的生产和处理形成最终的能源产品，最后由能源供应网络把能源输送到消费者手中，将能源供应者、生产者、分配者、消费者和处理者连接成一个整体的功能网络结构模式。由于能源系统网络内部之间的关系纵横复杂，需要对能源供应链进行系统的管理，使能源供应链上的主体分别承担能源的开发、运输、加工、转换、分配、使用和回收处理等职能而成为一个协调发展的有机体。在信息网络的基础之上，能源供应链管理要实现能源需求和供给之间的平衡，降低总体能源交易成本，减少能源消费过程中出现的浪费和环境污染现象，这些都离不开对能源供应链的生态化改造过程（马士华等，2000）。

城市能源供应链的生态化改造对象并不是能源供应链上的某一个或几个环节，而是将能源供应链看做一个包括各种能源开发利用主体在内的复杂的生态系统，利用生态学中的理论和方法，并使用系统论、控制论和计算机等现代化技术，寻求能源供应链的优化组合方式、合理的能源结构与绿色能源技术，使生态化改造后的能源供应实现能源的减量化利用，提高能源的再循环和再利用程度。

第二节 城市能源生态化供应的地位与作用

随着能源结构的不断调整优化，以及人类对环境越来越严格的保护，能源供应必然要经历一个生态化改造的过程，以减少能源开发利用中对环境的破坏，实现能源供应的可持续发展。因此，能源供应的生态化在社会生产生活中的作用日益突出，与传统能源供应比较起来具备更多的功能。具体来说，能源生态化供应有以下几个作用。

第一，城市能源生态化供应可以优化城市能源的配置，是实现城市可持续发展的重要组成部分。

生态化能源供应链中流动的每一种能源都能得到充分的利用，各种能源在生态化能源供应链设定的目标下被配置到最合理的能源需求环节，逐步淘汰不符合可持续发展要求的能源消费模式。由于绿色能源本身就具有可持续利用的特点，生态化能源供应链倡导对绿色能源的开发利用，而且能源节约率的提高、能源的再循环和再利用又放大了在生态化能源供应链中的能源使用量。

所以，在世界传统化石能源日益减少的背景下，生态化能源供应链的运行模式极大地缓解了人类对能源资源需求的压力，生态化能源供应链自身的不断发展演进也促使人类社会从目前以开发利用传统化石能源为主，逐步转变到以可再生能源为主的能源开发利用模式，这也是生态化能源供应链所能发挥的最重要的功能之一。人类能源开发利用的可持续发展必须建立在生态化能源供应链的基础之上，随着全球能源结构的不断优化和调整，生态化能源供应在其中会起到越来越重要的作用。

第二，城市能源生态化供应可以改善城市的生态环境，提高城市居民的生活环境质量，有利于加快生态型城市的建设。

能源供应的生态化追求对环境影响最小的绿色能源结构，以满足地区绿色能源的需求。同时，能源供应系统的运行具有生态化的特点，通过能源的再利用和再循环，能源供应系统能够与城市的生态环境和谐发展，城市可以摆脱能源消耗越多对环境造成污染越多的发展困境。

城市能源供应的生态化不仅是对能源供应系统的优化，还提倡城市各个主体的能源消费行为的变化，在能源的利用中考虑对城市生态的影响，不但要满足自身能源的合理需要，还要承担起环境保护的责任，为其他能源消费主体提供利益。如此一来，整个社会的能源开发利用形成一种生态共生的模式，城市从绿化美化向更深的内涵、更高的层次迈进，将人类的能源消费活动和城市的生态环境协调起来，并且随着能源供应生态化进程的不断拓展，城市的生态化建设必将迈向一个新的台阶。

第三，城市能源生态化供应可以提高城市的生态经济效益，延长城市能源供应中的价值链，为解决城市经济发展和环境保护的矛盾起到重要的作用。

生态经济效益是人们生产经济活动所引起的经济效益和生态效益的综合。也可以说，生态经济效益在一定程度上是考虑到生态费用和生态效益的完全经济效益。它可以用下面的比值来衡量：

$$\text{生态经济效益}=\frac{\text{综合生态经济效果量}}{\text{完全劳动耗费}}$$

式中，综合生态经济效果量可以用物质量、能量、价值量等来统一度量，有时只能是部分地或近似地统一度量；完全劳动耗费就是社会必要劳动耗费，它除了包括全部活劳动和物化劳动耗费外，还应该包括全部生态费用，即用于保护自然、提高环境质量和补偿自然界损失的费用（沈国明，2001）。

城市的能源供应链生态化改造可以实现能源的合理节约及能源的再利用和再循环，增加了城市能源供应系统中能源的相对总量，能源供应系统价值创造链条的延伸也增加了城市中的综合生态经济效果量。生态化的能源供应系统同生态环境的协调发展，使得对能源副产品和废弃物的处理变成了整个城市生态系统内部的循环活动，极大地减少了城市为治理环境所付出的费用。这样，城市的生态经济效益会有极大的提高，处在能源供应链上的活动主体在生态化的过程中，不但能实现对社会的环境保护责任，也能从中获得持续的经济利益。

第三节　城市能源生态化供应的指导原则

一 3R 原则

循环经济要求把经济活动组织成“自然资源→产品和用品→再生资源”的反馈式流程，所有的原料和能源都能在这个不断进行的经济循环中得到合理的利用，从而使经济活动对自然环境的影响减少到尽可能小的程度。3R 原则，即减量化（reduce）原则、再利用（reuse）原则、再循环（recycle）原则，是循环经济发展必须遵循的准则，它体现了循环经济的基本要求。其中，减量化原则属于输入端方法，旨在减少进入生产和消费流程的物质量，从源头节约资源使用和减少污染物的排放；再利用原则属于过程性方法，目的是延长产品和服务的时间强度，提高产品和服务的利用效率；再循环原则是输出端方法，通过把废弃物再次变成资源以减少最终废弃物处理量。

从人类活动的大范畴来说，城市能源供应的生态化改造属于循环经济活动的范围。综合利用能源，保护环境和实现能源供应系统的良性循环主要有三个途径：首先是减少能源开发和利用废弃物，降低能源的使用量；其次要增强能源的回收再利用，发展能源回收工程；最后要增加能源废弃物的资源化利用。因此，需要循环经济理论的 3R 原则作为能源开发利用活动的指导原则。

（一）减量化原则

减量化原则要求提高能源的使用效率，采用有效的节能技术，从能源生产开始，一直到最终消费为止，在开采、运输、加工、转换、使用的各个环节上都要减少损失和浪费，在环境和社会经济承受能力的基础之上，以最少的能耗取得最大的经济效益。一方面要提高能源利用效率并降低能源的损耗，另一方面要降低居民生活和产业对能源消费产生的环境废弃物。其中，能源的节约利用就是减量化原则在能源供应生态化改造中的一个主要体现。

节能可以减少污染物的排放量，减轻环境的热污染，也可以促进环境污染的治理。减量化原则是能源供应生态化改造中需要遵循的首要原则，它从能源供应的源头就注重绿色能源结构的选择，并采取节能高效的绿色能源技术，将能源对环境的影响尽量在能源供应链的起始端就减小到最小；再利用原则和再循环原则也是分别建立在减量化原则的基础之上的，可见减量化原则的指导作用在能源供应的生态化改造过程中具有非常重要的意义。

我国于 1998 年起正式实施的《中华人民共和国节约能源法》中指出，节能是国家发展经济的一项长远战略方针，并重申了能源节约与能源开发并举，把能源节约放在首位的能源政策。因为只有减少资源的使用量，才能真正从源头减少对环境的压力。

（二）再利用原则

再利用原则要求在能源的流动过程中增加能源重复利用的频度，发展能源回收利用工程，加强对能源的综合利用程度，能源的生产供应要通过多个企业、多个产业部门的合理生产组合，即通过多层次不同品位能源的梯级利用系统，来达到更高能源利用率与排放标准的目标。能源的再利用就是将能源使用中可以回收的部分和有效能量再次利用，以提高企业的能源利用率和改善生态环境。能源供应中的再利用原则要求既要回收损失的能量，也要回收有效的能量，尽可能把一切可以回收再利用的能量全部利用起来。例如，发电厂利用余热给城市居民供热和发展淡水养殖业，就是对热能的再利用。

（三）再循环原则

再循环原则要求在能源供应链上的每个环节所产生的副产品和废弃物必须进入资源的再次循环利用中。生态化能源供应链的各种功能的发挥有赖于供应链具有良好的循环性，要求能源供应链上各要素互相联系、互相作用、互相促进，各种物流、能流、信息流能够顺畅运行，使能源供应链在良好的循环状态下满足地区生产和生活需求，从而实现地区能源系统的生态化。

对能源的循环利用可以减少能源供应过程中的环境污染，延伸能源供应链的价值创造过程，提高地区生态系统的物质转化与能量利用的生态效率。例如，煤炭在洗选的过程中会产生大量的含煤粉的废水，这些废水经过处理后循环利用，可以减少耗水量、减轻污染，同时也提高了煤粉的回收利用率；城市垃圾的能源化利用，可以提供热能和电能等。能源供应链通过循环再利用，使物质能量充分流动，保持能源供应的高效性。生态化能源供应区别于传统能源供应的一个主要特征是它的高效性，而高效性离不开能源的循环性，所以再循环原则也是能源供应生态化的一个重要指导原则。

二 系统优化原则

在能源供应生态化改造过程中，在多样化的能源结构条件下，使用每种能源结构所花费的代价（投资和运行费）及对环境产生的影响均不相同。如何合理配置整个城市的能源结构和布局，如何选择相应的技术措施和能源政策，这是一个复杂的系统工程问题。另外，能源流动的各个环节都可能存在对环境的不利影响，能源供应的生态化改造不能局限于改造过程中的某一个环节，应该对能源流动的全过程作出系统的分析，以避免出现局部生态优化而整体失衡的现象。也就是说，某一环节的生态改造不应该建立在对其他环节生态破坏的基础之上。能源供应的生态化改造是一个综合的过程，必须考虑到所有环节的相互关联性。

因此，能源供应的生态化需要分析改造过程中的主要影响因素及其相互关系。由于这个过程具有复杂性等特点，必然要求采用系统分析方法进行运行设计与决策，利用各种定性和定量模型进行规划，从全面的、整体的概念出发，根据一些拟定的最优准则，运用运筹学、信息论、控制论、电子计算机及其他一些先进的应用数学来研究和分析能源供应链这个大型的、复杂的系统。把描述能源系统或能源系统状态的变量、定义、相互关系和要完成的功能目标，以各种数学方程或限制条件来表达，并组成一个定量计算的数学模型，然后再利用计算机进行运算求解，从而得出一种或几种选择方案，以供最后决策之用，以实现整个能源系统优化。

三 结构柔化原则

自然生态系统的重要特征之一是结构柔化，即整个系统可以随外部条件的变化而作出调整，具有抵抗局部功能遭到破坏的能力。能源生态化也要具有结构柔化的特征，积极开发各种替代性能源，做到能源供应方式及其来源的多样化，这样可以化解能源供应带来的短缺等风险，实现可持续发展。上面提到的3R 原则就有助于实现能源生态化供应结构的柔性化。

第二章 国内外城市能源生态化供应比较研究

第一节　发达国家能源生态化供应现状

城市能源供应链是一个动态的复杂的过程，受到地区能源发展战略的变化和能源市场需求变化的影响，当前发达国家正致力于遵循 3R 原则的指导思想，运用生态学中的循环再生原则改造城市能源供应体系，提高城市能源使用效率。

一 发达国家能源结构优化现状

（一）世界能源结构总体趋势

从供应端来看，2011 年全球能源供应总量达到 12 491.5 兆吨油当量，其中，石油占 31.9%，天然气占 23.7%，煤炭占 31.7%，核电占 4.8%，水电占 6.3%，可再生燃料及废物占 0.5%，其他能源占 1.1%。1973 年和 2011 年全球能源供应构成见图 2-1。

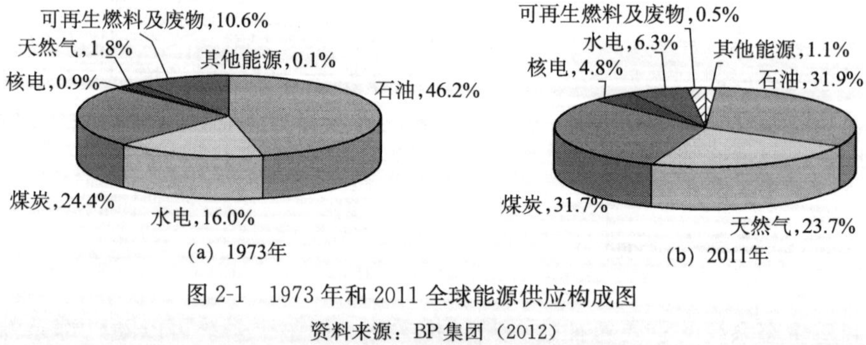

图 2-1　1973 年和 2011 全球能源供应构成图

资料来源：BP 集团（2012）

从消费端来看，2011 年全球终端消费总量上升到 12 274.6 兆吨油当量，其中，石油占 33.1%，天然气占 23.7%，煤炭占 30.3%，核电占 4.9%，水电占 6.4%，可再生能源占 1.6%，1973 年和 2011 年全球能源消费结构发展趋势见图 2-2 和图 2-3。2011 年，世界一次能源消费量增加了 2.5%，还不到 2010 年增幅的一半，但接近历史平均水平。全球所有区域和所有燃料类型的消费量增速放缓。石油仍然是世界主导燃料，占全球能源消费量的 33.1%，但该比例是 BP 集团的记录上的最低份额。煤炭的份额为 30.3%，达到 1969 年以来的最高的水平。

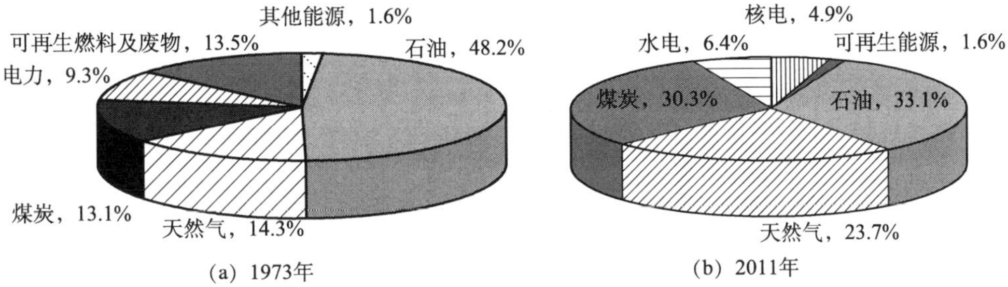

图 2-2　1973 年与 2011 年全球能源消费结构对比

资料来源：BP 集团（2012）

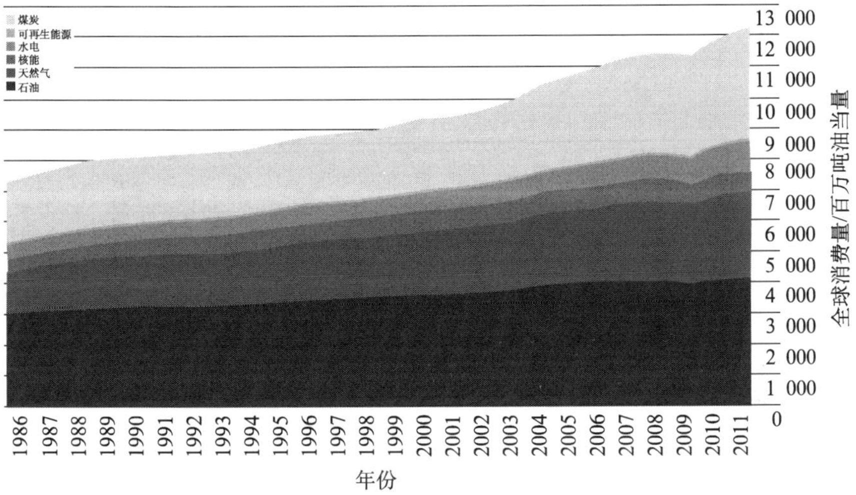

图 2-3　全球能源消费结构发展趋势图

资料来源：BP 集团（2012）

通过趋势分析可以发现，1971～2011 年，全球能源供给与消费量均翻了一番，传统能源依然是能源消费的主体。但能源消费结构发生了变化，石油的消费量有所下降，天然气的消费量有所增加，煤炭消费量在 2003 年有所增加。总体看来，电力和地热能、太阳能、风能等可再生能源的消费量在逐年增加。未来 20 年内，全球能源需求将以每年 1.6%的比率逐年递增，至 2030 年将达到年消耗 153 亿吨石油当量，以煤炭、石油、天然气为主的传统能源仍将占据世界能源结构中的主要部分，并满足未来 30 年的 90%左右的新增能源需求。天然气所占能源消费比例在逐步提升，有取代煤炭的趋势，可再生能源的消费比例也有一定程度的上升。

全球能源供给与消费形势的变化进一步说明，煤、石油等传统能源在能源消费中仍具有不可替代的地位，但其存在的不可再生性和造成的环境污染导致其在能源消费总量中所占比例逐渐降低。因此，对于城市的能源生态化供应，在不断加强对传统能源清洁化利用的同时，我们也要重视对可再生能源的开发与利用。

(二) 世界可再生能源发展现状及趋势

据国际能源署（IEA）的预测，全球可再生能源未来将呈加速发展的趋势，在能源消费结构中所占比例也将稳步增加。从 2005～2030 年的发展趋势来看，核能、天然气和可再生能源增长幅度均在 1.5%以上，石油和煤炭的消费增长速度在 1%左右，两者平均年增长速度为 1.3%。在可再生能源中，风能增长速度为 10.5%，太阳能增长速度为 9.9%，生物燃料增长速度为 7.6%，水电增长速度为 2.0%，生物质能增长速度为 0.7%。可再生能源发展趋势如图 2-4 所示。

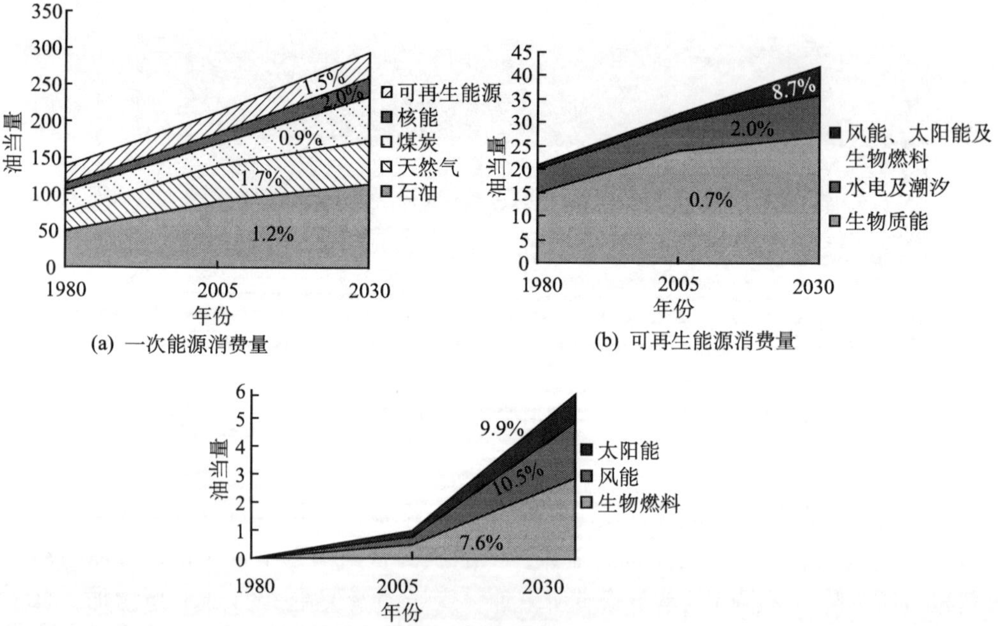

(a) 一次能源消费量

(b) 可再生能源消费量

(c) 风能、太阳能和生物燃料消费量

图 2-4 全球能源消费发展趋势图

截至 2011 年年底，在可再生能源投资方面，全球投资总额达到了 2570 亿美元，比 2010 年增加了 17%。中国以 520 亿美元的投资总额位于第一位（这一投资额还不包括在大型水电项目上的投资)；美国以510亿美元的投资总额紧随其后。欧洲地区仍是投资最大的地区，2011年的投资总额达到1010亿美元。2011年，全球可再生能源的总装机容量超过1360兆瓦，相比2010年增长了8%。可再生能源装机容量占到了全球装机容量（2011年预计达5360兆瓦）的25%还多，并且供应了全球20.3%的电力，全球可再生能源市场的发展极为迅猛，如表2-1所示。

表2-1 2011年可再生能源新增装机容量和总装机容量

应用类别	项目	新增装机容量	总装机容量	增长率/%
发电	水电	0.26亿千瓦	9.7亿千瓦	2.7
	风电	0.48亿千瓦	2.38亿千瓦	20
	生物质发电	655万千瓦	7200万千瓦	9.1
	地热发电	11.2万千瓦	1120万千瓦	<1
	太阳能光伏发电	5180万千瓦	7000万千瓦	74
	太阳能热发电	61.6万千瓦	176万千瓦	35
	海洋能（潮汐）发电	—	52.7万千瓦	—
热水器/供暖	生物质供暖	0.1亿千瓦	2.9亿千瓦	3.4
	太阳能集热器		1760万千瓦	35
	地热能供暖	1.35亿千瓦	2.32亿千瓦	58
交通燃料	乙醇	95.2亿升/年	560亿升/年	17
	生物柴油	29.7亿升/年	110亿升/年	27

资料来源：Frankfurt School UNEP Collaborating Centre（2012）

总体而言，2011年全球可再生能源装机总量在不断攀升，保持着较快的增长率。排名前六位的国家（不含水电）分别是中国（70吉瓦）、美国（68吉瓦）、德国（61吉瓦）、西班牙（28吉瓦）、意大利（22吉瓦）、印度（20吉瓦）和日本（11吉瓦）。对比2010年、2011年全球能源的统计数据可以发现，各类可再生能源均呈明显的递增趋势，其中，以风能和太阳能的增幅最为显著。主要可再生能源2009～2011年的发展状况见表2-2。

表2-2 可再生能源发展主要指标比较

项目	单位	2009年	2010年	2011年
新可再生能源投资（年度）	十亿美元	161	220	257
可再生能源装机容量（不包括水电）	吉瓦	250	315	390
可再生能源装机容量（包括水电）	吉瓦	1170	1260	1360
水能装机容量（共计）	吉瓦	915	945	970
太阳能光伏装机容量（共计）	吉瓦	23	40	70
集中式太阳能热功率（共计）	吉瓦	0.7	1.3	1.8
风能装机容量（共计）	吉瓦	159	198	238
太阳能发热与制冷装机容量（共计）	吉瓦	153	182	232
乙醇生产（年度）	十亿升	73.1	86.5	86.1
生物柴油生产（年度）	十亿升	17.8	18.5	21.4

资料来源：Frankfurt School UNEP Collaborating Centre（2012）

（三）发达国家能源结构

1. 煤炭

发达国家城市能源结构中煤炭所占比例只有20%～30%。其中，美国煤炭消耗占能源消耗比例为22%，英国为17%，德国为22%，日本为16%。

发达国家城市煤炭使用过程中采用了大量洁净煤技术，主要在脱硫、脱氮净化处理后用于集中发电，然后将电力配送给各部门分散使用，已杜绝了原煤的直接燃烧和分散使用。随着洁净煤技术在全球范围内的迅速发展，目前发达国家原煤入洗率日本为100%，德国和加拿大为95%，英国和澳大利亚为75%。

2. 石油

随着石油使用效率的提高，其在总体能源消耗中的比重会稍有下降，但全球的石油需求量仍将以每年1.6%的比例递增，日消耗量由2000年的75兆桶/天增长至2010年的89兆桶/天。使用量的增长主要来自交通业，因为在公路运输、海运、空运方面，其他类别能源还无法动摇石油的地位。目前，美国的石油消费比例为45%，英国的石油消费比例为45%，德国的石油消费比例为38%，日本的石油消费比例为51.9%。

3. 天然气

在各类清洁能源中，天然气是当前各发达国家城市主要发展的能源，并开始逐步取代煤炭和石油的使用。天然气的使用将出现大幅增长。其在2010年取代煤炭成为世界第二大能源来源，虽然在2011年煤炭消费略有升高，但天然气消费仍保持了2.2%的增长率。在1992～2002年的10年间，天然气消费的年平均增长速度为2.02%，天然气产量年平均增长速度为2.31%，均超过同期石油消费的年增长率和石油产量的年增长率。2010年世界天然气产量比上一年增长7.3%，进一步展示了其强劲增长势头。天然气在能源消费中的份额由1982年的20.1%上升到2011年的25.6%。

天然气需求增长的60%来自新建的燃气发电厂。这些电厂将普遍采用复合循环燃气涡轮，由于这一技术体系具有能量转换利用率高、资本投入低的特点，因此将逐步取代煤炭电厂和核电厂。同时由于在环保方面的优越性，天然气将逐步取代煤炭和石油的使用。液化天然气的商业化应用及燃料电池技术的日益成熟也将大大推动天然气的使用。

美国的天然气消费在能源消费中的比重已占到27.6%。美国对天然气的需求，主要是发电对天然气需求的迅速增长。2003～2006年美国投资1000多亿美元用于建设燃气发电厂。竞争激烈的电力工业开始向资金需求较少及效率高的天然气发电技术投资。

日本的能源政策提出优先发展天然气的能源结构调整战略。2002～2012年的10年间，日本天然气消费量从774亿立方米增长到1055亿立方米，增长了36.3%。目前，日本的天然气消费量约占能源消费量的19.9%。日本是世界最大的液化天然气进口国，进口量占世界进口量的一半。日本天然气大部分由亚太地区供给，主要来自澳大利亚和印度尼西亚。现在其确定气源的重点在俄罗斯，因为俄罗斯拥有世界最多的天然气储量，约占地球可采天然气储量的21.4%。

2011年德国天然气消费比例为21.3%。从天然气消费结构来看，首先以居民和工业用气为主，各占总量的35%；其次是天然气发电用气，约占总量的15%；最后是商业用气和社区供暖，亦占总量的15%。德国的能源需求有2/3必须依赖进口，天然气更是如此。2011年，德国国内生产的天然气在天然气消费总量中所占比例为16.8%，其余83.2%的需求分别依靠从俄罗斯（约占消费总量的37%）、荷兰（占17%）、挪威（占27%），以及丹麦和英国等（合计占4%）进口的天然气来满足。

英国天然气的消费比例为36.4%，消费量占到了本国一次能源消费的近40%，国内发电主要以天然气为燃料。从2004年开始，英国已经成为天然气净进口国，进口量已经占国内天然气需求的40%（来源国主要是挪威、比利时和荷兰）。其中，天然气发电所占比例为30.4%，工业生产消费所占比例为18.6%，能源产业消费比例为2.8%，家庭使用比例为38.0%，服务业消费比例为10.2%。在近20年的时间里，工业生产消费增长12%，而家庭使用比例增长49%，服务业消费比例增长41%。

4. 可再生能源

发达国家城市大力发展风能、水能、太阳能、地热能、生物质能、氢能、太空太阳能等可再生能源，消费比例达到8%，可再生能源的使用取得了突飞猛进的发展。

生物能、太阳能、风能等各类生态能源使用量，将在未来若干年内平均每年递增4.2%。虽然根据当前的技术水平，还不能认为这些可再生能源在短时间内便可满足快速增长的能源需求，并成为主要能源之一，但随着可再生能源使用技术的突飞猛进，各类可再生能源将逐渐从试验、推广阶段步入大规模商业化使用阶段。

二 发达国家城市能源的再利用现状

城市是能源消耗的集聚地，在城市内部实现能量按不同用途梯级利用，可以最大限度地提高整个城市的能源使用效率。当前发达国家城市主要采用能源系统优化技术对现有能源供需体系进行不断的改造。

由于各类燃料在转化为电力的过程中只能达到60%～70%的转化率，而输配电过程中又要损失10%～15%，所以各自独立的电力取暖已经成为发达国家城市能源系统着力改变的低效能源使用方式，代之以热电联产和集中供热体系，利用发电厂和工矿企业运转过程中的多余热能为分散的热能使用者提供热量。这不仅可以提高城市能源利用率，而且燃料集中使用有利于控制污染物排放，还能够为电力企业和工业企业提供多余的热能，降低能源转化费用。

为了在有效控制污染的同时实现经济上的可行性，发达国家城市政府开始集中规划高能耗企业，尤其是在发电、供热行业，政府通过各种政策鼓励甚至强制发展簇状能源消耗集群，以便利用大型能源预处理设备和排放物控制设备集中处理各类污染物排放。市区本身便是能源消耗集聚地，而发电与供热产业是严重的污染物排放部门，为了保证人口密集的市区的环境质量，市政当局纷纷开始对其进行大幅度改造，将市区内燃煤和燃油电厂向郊区迁移，只在市区内保留必要的燃气电厂。发达国家多数大城市超过50%的电力从市区以外输入。这一措施能够大大缓解市区内空气质量的压力，同时将小型火力电厂和取暖锅炉集中迁址，集中规划，可以建设大型高效能热能使用设备，并通过使用石油和煤炭大型燃料预处理设备实现燃料的低成本脱硫、脱氮处理，有效地减少污染物的最终排放。

另外，发达国家形成的工业生态园区通过物流或能流传递等方式把不同工厂或企业连接起来，形成共享资源和互换副产品的产业共生组合，使一家工厂的废弃物或副产品成为另一家工厂的原料或能源，模拟自然系统，在产业系统中建立"生产者—消费者—分解者"的循环途径，寻求物质闭环循环、能量多级利用和废弃物产生最小化。

三 发达国家城市能源再循环供应现状

发达国家城市能源的再循环主要体现在城市生物质能的利用，以及对城市能源供需过程中产生的副产品进行资源化利用等方面。

（一）城市生活垃圾资源化能源供应

城市的生物质能主要来自城市每天大量产生的生活垃圾。从排泄物的角度看，城市垃圾是一种污染源；而从回收再生的角度上看，垃圾却是城市的一大资源。城市不仅垃圾数量大、品种多，而且拥有改造和消耗垃圾、利用垃圾潜在能量的能力，因而通过努力可以使垃圾变成城市独特的资源优势。近几十年来，随着工农业生产的发展和人们生活水平的提高，固体废弃物排放量越来越大，全世界年产垃圾约13亿吨，且每年平均以8%～9%的增长率递增。西方发达国家的垃圾产量以每年2%～5%的增长率递增，日本每人每日平均垃圾抛弃量近10年内增加了1倍。

在发达国家，城市生活垃圾的产量大，其中，食品废弃物、纸、布、塑料等有机物占很大比重，可燃物含量很高，热值也很高，多采用焚烧发电技术。英国于1874年就建成了第一座都市垃圾焚烧厂。第二次世界大战后，中小型焚烧炉在许多发达国家的城市都有使用，特别是1973年的石油危机，大大加速了固体废弃物能源回收技术的发展，焚烧发电厂迅速增加。目前，法国有垃圾焚烧发电系统约300座，可处理40%的城市垃圾；德国的垃圾焚烧率是25%，垃圾发电的装机容量为1000兆瓦；日本80%的生活垃圾被进行焚烧处理，目前拥有生活垃圾焚烧厂1920座，其中，具备发电能力的为181座，上网售电的为76座，发电能力为77万千瓦。日本的垃圾焚烧技术已普及中小城市，焚烧率达75%，垃圾发电的装机容量为450兆瓦。美国的垃圾焚烧率也有40%，据美国国家环境保护局统计，美国共有87座废物能源回收厂（WTE），分布在26个州，共有焚烧炉220台，设计总处理能力为9.4万吨/日，垃圾发电的装机容量达2300兆瓦。荷兰、瑞典、瑞士的垃圾焚烧发电率分别为23%、55%、70%。在亚太地区，如中国香港、中国澳门、韩国、新加坡、中国台湾地区等也都建立了垃圾供热及发电系统。新加坡于1986年建成了一座处理能力为2760吨/天的垃圾发电站后，实现了垃圾的全部减容和能源化。

（二）发达国家城市能源副产品的资源化利用

发达国家将能源供应和利用过程中所产生的副产品（主要是燃煤副产品）可资源化再利用于建材、建筑和制造业。粉煤灰的主要利用途径有：高压蒸养加气混凝土砌块、水泥混合材、混凝土掺和料、集料、筑路工程材料和筑堤填料，炉底灰作建筑和停车场底基层材料、流动回填材料、轻质合金材料、改良土壤等。例如，美国弗吉尼亚电厂建设了一个轻量混凝土集料加工厂，使利用燃煤副产品制造集料的工艺投入工业化大批生产。这个加工厂每年可利用11.5万吨喷射干灰生产约16.7万吨混凝土集料供砌块使用。轻量集料售价为每吨18～32美元。轻量集料的生产过程就是将来自洗涤塔的煤炭燃烧副产品（除喷射干灰外，还有烟道气脱硫污物、流化床燃烧灰和粉煤飞灰）转化为轻量集料，制成砌块作建材用。过去这些电厂副产品都作为废弃物堆积或充填，集料加工工艺给电厂废弃物提供了变废为宝的新方法，既有利可图，又有利于环境保护。

第二节　典型国家或地区可再生能源发展现状

一 欧盟

欧盟是世界可再生能源发展最迅速的地区。欧洲从20世纪80年代开始发展可再生能源，自1992年的《气候变化框架公约》和1997年的《京都议定书》签署以来，发展速度超越美国，成为世界可再生能源发展的领跑者。到2005年年底，欧盟所有成员国风电装机容量达到4090万千瓦，提前5年实现了欧盟在1997年提出的“到2010年风电装机容量4000万千瓦”的目标，2011年又比2010年新增加了9.6吉瓦，扣除淘汰的风电机组，2011年年底欧盟风电装机容量达到了94吉瓦，占全球风电装机容量的21%以上。世界风电装机容量前10名的国家中欧盟成员国占了6个，世界10大风电设备制造商中，有8个在欧洲。

在太阳能热发电方面，西班牙、葡萄牙、意大利等一些欧盟成员国取得了新的进展。近年来建成投产的太阳能热发电系统基本上都在欧洲，如西班牙2006年有9个项目在建设或进入可行性研究阶段，掌握了先进的太阳能热发电技术，2011年西班牙太阳能发热装机容量达到了150兆瓦。

此外，欧盟还在太阳能光伏发电、生物质能利用等方面有了较大发展，太阳能光伏发电新增容量在2005年超过日本，成为发展最快的地区，尤其是德国，2011年新增光伏发电容量接近17吉瓦，占全球当年新增容量的35%。

（一）太阳能光伏技术

2011年，欧盟太阳能发电的新增装机容量继续保持较高速发展，总装机容量达到94吉瓦。新增容量中约95.1%是晶体硅太阳能电池。晶体硅太阳能电池装机容量目前已经占到欧盟太阳能发电总装机容量的86%。德国占了很大的比重，占欧盟新增容量的35.6%，到2011年年底，德国总装机容量达到24.8吉瓦。

（二）太阳能供热

在经历了连续20年的两位数年增长率的发展之后，在2002年，太阳能供热的发展速度开始显著减缓。2003年市场呈现复苏状态，全年全球安装的反射镜总面积达到1 452 151平方米，2011年，新增太阳能热容占世界新增总量的4.3%。德国是欧盟最大的太阳能热利用国，至2011年年底，年度新增太阳能热容0.9吉瓦时，增长量为8.4%，太阳能热容达到10.7吉瓦时。而且，欧盟的太阳能供热市场正在多元化，丹麦和葡萄牙的太阳能供热领域也得到了快速的发展。

（三）生物能

木材是一种可以替代化石燃料的可再生能源，而且它是欧盟可再生能源最重要的组成部分，2010 年欧盟 49%的可再生能源来源于木材及木材产品。2011 年，欧盟所有成员国利用木材获得的能量达到 1 亿吨油当量，比 2000 年同期增长 6.2%。其中，80%用于取暖，20%用于发电。法国通过木材获取的生物能为 928 万吨油当量，为欧盟之最。

2011 年，欧盟粗制沼气已经达到 420 兆焦，油当量比 2010 年增长 31%。德国是目前欧盟最大的沼气生产国，占欧盟生产总量的 61%，2011 年的产量较 2010 年增长了 18%，大量的沼气工厂进行了升级改造。紧随其后的是瑞典、瑞士、荷兰和奥地利。

据估计，生物燃料目前在欧盟总消耗能源的比例在 1%左右。2011 年欧洲生物燃料包括生物柴油、生物乙醇，总产量达到 983.7 万吨油当量，与 2010 年相比，增长幅度为−0.9%。其中，生物柴油占很大份额，将近 80%。

欧盟是全世界目前生物柴油发展最好的地区。2011 年欧盟生物柴油的产量达到 2180 万吨，比 2003 年增长了近 20 倍。德国是欧盟最大的生物柴油生产国，产量为 250 万吨。生物柴油在德国得到了迅猛发展，主要原因是立法支持、植物油原料低廉而燃料价格昂贵。

2011 年欧洲乙醇产量达到 251 亿升。德国和西班牙是欧盟最主要的乙醇生产国，产量分别占欧盟总产量的 22%和 20%。其中，西班牙对使用乙醇不收税。

（四）风能

欧盟在全球风能市场中占领先地位。风能是减少地球变暖的最有经济效益的能源之一。2011 年欧盟新增风力发电装机容量为 9.6 吉瓦，总装机容量达到 94 吉瓦。德国仍然占据欧洲市场最大份额，2011 年新增装机容量为 2 吉瓦，总装机容量达到 29.1 吉瓦。紧随其后的是英国（新增 1.3 吉瓦）、西班牙（新增 1.1 吉瓦）、意大利（新增 1 吉瓦）、法国（新增 0.8 吉瓦）。近年来，随着近海风力发电机技术的进步，风力发电潜能将大大增加，尤其是在北欧水域。世界排名前十位的风力发电机制造商有 4 家位于欧洲，丹麦是目前世界最大的风机生产国，2011 年的风机产量占世界产量的 12.9%，占据了最大的份额，排名第二位的是中国（9.4%）。

二 美国

美国是世界上第一大能源生产国和消费国。2011 年美国能源生产总量为 1792.1 兆吨油当量，其中，石油产量为 352.3 兆吨，天然气产量为 592.3 兆吨油当量，煤炭产量为556.8兆吨油当量，可再生能源产量约为102.5兆吨油当量。2011年美国一次能源消费为2269.3兆油当量，其中，石油为833.6兆吨，煤炭为501.9兆吨油当量，天然气为626.0兆吨油当量，核能为188.2兆吨油当量，水电为74.3兆吨油当量，其余可再生能源为45.3兆吨油当量。美国的能源资源情况与我国相似，即石油储量不多，煤炭储量极其丰富，天然气储量也较丰富，但人均能源资源拥有量相对贫乏，只相当于世界的平均水平。

美国的能源消费以石油、煤炭和天然气为主。自第二次世界大战以后，美国的石油进口量逐年增加，已成为世界上最大的石油净进口国，其石油的进口依存度为67%，预计今后还会增长。世界能源委员会公布的数据显示，美国2011年一次能源消费结构为：原油占36.7%，天然气占27.6%，原煤占22.1%，核能占8.3%，水电占3.2%，再生能源占2.0%（许祥左，2013）。

美国可再生能源产业发展迅速，到2011年年底，美国可再生能源生产总量已达到119.6兆吨油当量，大约为美国一次能源生产总量的5.3%。2011年的统计数据显示，美国的可再生能源装机容量居世界第二位，其中，生物能、地热能发电装机容量均居世界首位，水电装机容量排在世界第三位。

（一）风电

风电是美国可再生能源技术中增长最快的领域之一，具有良好风力资源的地区，有潜力供应美国多达20%的电力消耗。2011年新增装机容量为6.8吉瓦，总装机容量达到47吉瓦，满足了美国近200万家庭的用电，排在中国之后，见图2-5。现在，美国的风电单位千瓦造价已降至1000美元以下，其成本与煤电成本接近，风电的上网价格已降至每千瓦时4～5美分。

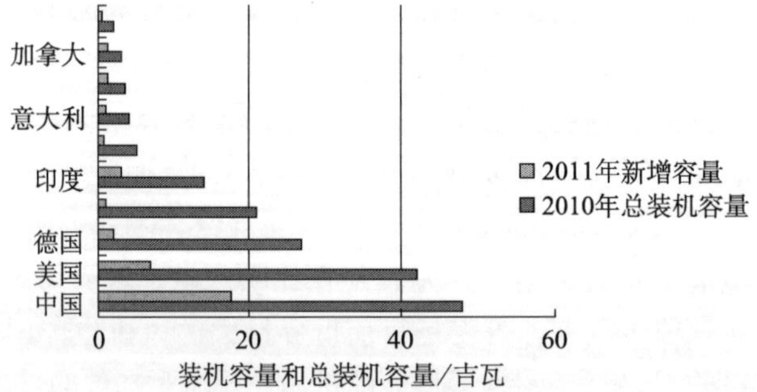

图2-5　2011年与2010年各国风电资源对比情况（排名前十位）

资料来源：Ren21 Steering Committee（2012）

（二）太阳能

在过去的30年间，太阳能发电的成本下降了95%。目前，美国的太阳能光伏发电已经形成了从多晶硅材料提纯、光伏电池生产到发电系统制造等比较完备的生产体系。2011 年，美国光伏发电总容量达到 4 吉瓦，排在日本和西班牙之后。美国制订了“阳光计划”，大幅增加光伏发电的财政投入，加快多晶硅和薄膜半导体材料的研发，提高太阳能光伏电池的光电转化效率。目前，美国正在建设新的太阳能电站。

在太阳能开发中，太阳能电池是世界增长速度最高和最稳定的领域之一，估计今后 10 年将以每年 20%～30%甚至更高的速度增长，其作用也将逐步由作为农村和边远地区的补充能源向全社会的替代能源过渡。其中，太阳能薄膜技术将获得突破，电池成本将不断下降，太阳能集成建筑将快速发展，并网技术将获得普遍推广应用。太阳能利用的另一个发展方向是空间太阳能技术。美国已提出在地球外层空间（卫星、月球等）建立太阳能发电基地，然后通过微波将产生的电能传输到地面上的太阳能接收装置。

(三) 生物质能

在美国，作为生物质的主要来源，木材占生物质能能源消耗总量的 71%，市区的固体废弃物、垃圾掩埋气、淤泥和农业中的副产品占 14%，燃料乙醇的消耗量预计到 2030 年将达到 146 亿加仑，见图 2-6。美国制订了“能源农场”开发研究计划，推进生物质能技术和装置的商业化应用，实现了规模化产业经营。在美国，生物质能转化为高品位能源已具有相当可观的规模，占国内一次能源消耗量的 4%。美国还设立了世界上最大的日处理垃圾 4000 吨的垃圾发电厂，以及建立了 1 兆瓦、年产乙醇 25 000 吨的稻壳发电示范工程。

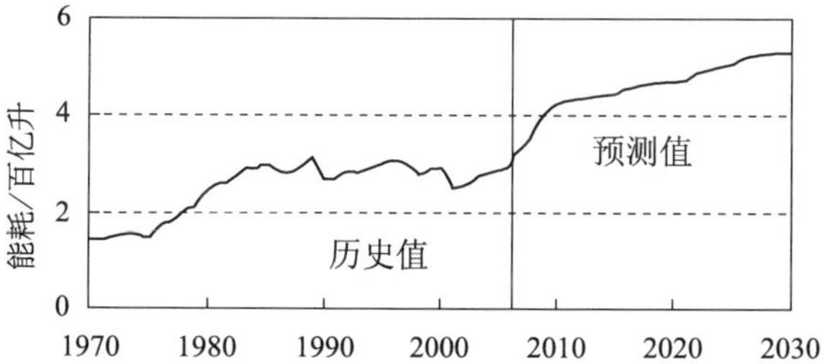

图 2-6 生物质能耗历史值和预测值

资料来源：Ren21 Steering Committee (2008)

(四) 地热

美国地下蕴藏着丰富的地热资源，地球内部的温度高达 4000℃，并且在不停循环流动着。据测算，按照现在的能源消费水平，美国本土内部 3 千米以下的地热资源，相当于美国 30 000 年的能源供应量。美国第一座大规模的地热发电站建于 1960 年，现在共有近 80 座地热发电设施。2011 年，地热发电量为 77.6 吉瓦。美国地热资源主要分布在西部，包括阿拉斯加和夏威夷等。

三 日本

众所周知，日本是能源极度匮乏的国家，所需石油的 99.7%、煤炭的 97.7%，以及天然气的 96.6%都依赖进口。为了保障能源供应，日本制定和实施了一系列能源战略。20 世纪 70 年代以来，石油危机和环境污染问题促使日本加强可再生能源及新能源技术研发和推广普及工作，成立了专门机构，并先后实施了“日光计划”、“月光计划”，使推进可再生能源和新能源发展工作取得了显著成效。

1997 年，日本颁布了《关于促进新能源利用的特别措施法》，该法定义的新能源包括供给方新能源（太阳能发电与热利用、风力发电、废弃物发电与热利用、生物质能发电与热利用、温度差能），以及需求方新能源（清洁能源车、天然气热电联产、燃料电池）。此外，一般也将地热、雪冰热、输出功率在 1000 千瓦以下的小水电、波浪能和潮汐能等列为新能源。

1996 年，日本政府投入新能源产业的资金是 6 亿日元，此后连年增加，至 2004 年已达到 18 亿日元，增加了 200%。到 2011 年，日本新能源产业投资已达 90 亿美元，相比 2010 年保持了 23%的稳步增长，投入的资金主要用于新能源资产融资、技术开发与转换，2011 年二者分别占总投资的 15%和 85%，见图 2-7。

新能源产业不仅是日本经济新的增长点，而且能维持甚至创造就业机会，给日本经济的调整带来活力。根据日本环境省发表的统计结果，与新能源有关的再生节能能源设施、节能及能源管理，2000 年的市场规模分别为 1634 亿日元和 7274 亿日元，就业规模分别为 5799 人和 13 061 人；2010 年市场规模分别为 9293 亿日元和 48 829 亿日元，就业规模分别为 30 449 人和 160 806 人。2003 年，日本太阳能、风力、生物质三种新能源的市场规模为 4500 亿日元。据推算，2030 年将扩大到 6 倍以上，达 3 万亿日元；燃料电池的市场规模到 2010 年也将达到 1 万亿日元，到 2020 年达到 8 万亿日元，成为日本的支柱产业。

根据日本产业经济省制订的新能源发展计划，到 2030 年日本使用新能源的比重将上升到 20%，这将使日本对石油的依赖程度大大降低，由现在的 50%降到 40%。

（一）太阳能发电与热利用

2011 年，日本太阳能发电量为 4.97 吉瓦，占世界总量的 7.1%，居世界第

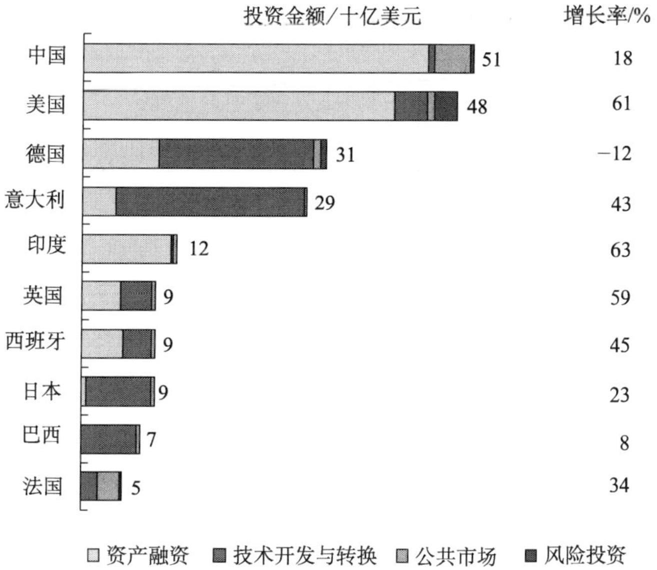

图 2-7　各国新能源产业投资状况（2010～2011 年，排名前十位的国家）

资料来源：Ren21 Steering Committee（2012）

三位，排在德国和意大利之后，见图 2-8。

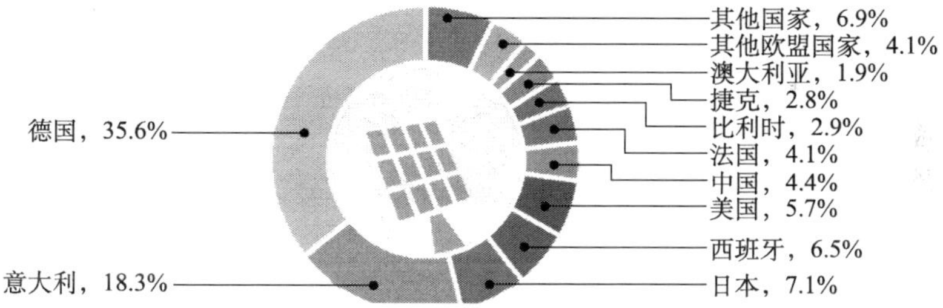

图 2-8　2011 年世界太阳能发电情况（占总量比例）

资料来源：Ren21 Steering Committee（2012）

日本太阳能的热利用，从 1978 年第二次石油危机后开始，1990 年形成普及高峰。由于高效太阳能取暖设备技术不断提高，太阳能的热利用不仅能量转换率高，而且成本是新能源中最低的，主要用在水、空调、暖气等方面。位于茨城县筑波市的日本产业技术综合研究所，2004 年建成了日本最大的太阳能发电系统。太阳能电池板共有 5600 块，总面积为 6500 平方米，采用了单晶硅等 4 种材料，其发电功率最高可达 869 千瓦，和已有的设备一起，发电功率超过 1000 千瓦，发电量可供 300 户家庭使用。2011 年，日本太阳能热装机容量占世界总量的 2.2%，装机容量为 5.11 吉瓦，当前太阳能研究开发的重点是太阳光发电与天气的关系、太阳光弥补技术和太阳能电池等，见图 2-9。

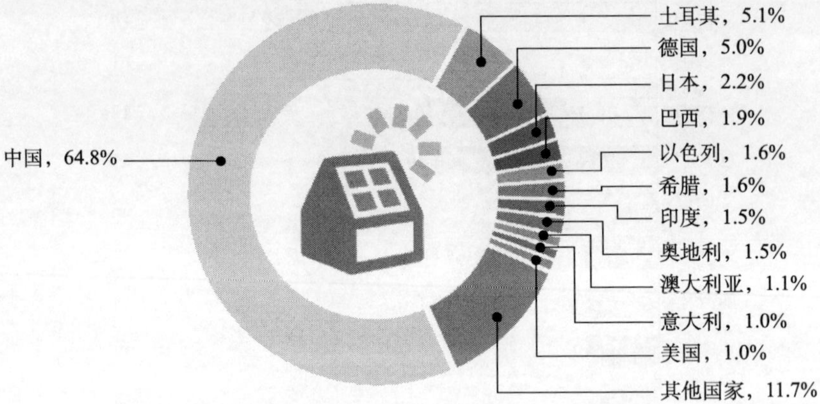

图 2-9　2011 年世界太阳能供热情况（占总量比例）

资料来源：Ren21 Steering Committee（2012）

（二）风力发电

日本从 20 世纪 90 年代后期开始，积极发展风力发电。2003 年，日本共有 735 座风车，风力发电量为 67.8 万千瓦，占世界风力发电总量 3929.4 万千瓦的 1.72%，2004 年发电量接近 100 万千瓦。从地域分布来看，日本的风力发电主要集中在北海道（约占 24%）、东北地区（约占 41%）、九州（约占 16%），而四国只占 2.4%。风力发电的投资主体有基层地方自治体、民间独立风力发电企业。此外，电力公司亦自办风电或公开招标风电上网。截至 2011 年，日本的风力发电机总数已达 1840 座，装机容量相对于 2013 年增长了近 10 倍，单新增装机容量就达到 250 万千瓦。

岩手县东北部的葛卷町海拔 1000 多米，风力资源丰富，人口为 8700 人，共有 15 台风力发电机，发电能力达 2.22 万千瓦，是町内消费电力的 1 倍，还能向外输送相当多的电力。日本的风力发电技术目前在世界上处于领先地位，其发展方向是促进风力发电系统的稳定化，通过电力系统以适当的补助制度促进应用等。

（三）废弃物发电与热利用

早在 1965 年位于大阪市的西淀工厂便开始利用废弃物发电。1999 年年末，日本全国有 1900 多处垃圾焚烧炉，但同时拥有发电设备的只有约 10%，不过这 10%的燃烧处理设备发电的份额却占日本废弃物发电总量的约 80%。2003 年年末，日本废弃物发电的设备总容量大约为 155.4 万千瓦，其中，一般废弃物发电量约为 134.9 万千瓦，产业废弃物发电量约为 20.5 万千瓦。应当说日本的废弃物发电有了一定的发展，但依然受到需要妥善解决地点和技术上的一些问题的制约，垃圾焚烧造成了二次污染，日本关闭了大量的垃圾焚烧设施，至 2010 年，垃圾焚烧炉经过改造完善后约有 1400 座在正常运作。2010 年，日本垃圾焚烧发电效率只有 20%左右，与一般火力发电的 40%相比，提高废弃物发电技术的任务还很艰巨。在废物利用方面，另一个方法就是将污染废弃物，如生活垃圾、废塑料、废纸等，经过粉碎、干燥后，和生石灰混合，然后压缩制成炭状固体燃料。这也是衍生燃料的一种，但其规模化利用尚处于探索中。

（四）氢能和燃料电池

日本氢能的主要研究方向是燃料电池。日本于 1981 年对磷燃料电池进行基础研究，在燃料电池领域始终处于领先地位，先发展成大型电池堆，继而发展成电站，并实现商业化。2002 年，日本开始使用燃料电池车，2003 年，政府与民间合作，进行了燃料电池车的试行试验和氢气供给站的运行试验。此后，在全国建设了“加氢站”，近百辆燃料电池车取得了牌照上路。其目标是：到 2015 年普及氢动力，推动燃料电池车到 2020 年达到 500 万辆，2030 年发展到 1500 万辆。

目前，日本的氢的制造、运输、储藏技术和燃料电池技术已基本成熟，重点是进行高性能的氢技术开发和低成本的燃料电池技术开发。

第三节　国内城市能源生态化供应现状

对于国内城市的能源生态化的研究，我们选取了三类有代表性的城市。一是我国政治经济的中心城市：北京和上海；二是我国对传统能源消费量大的重工业城市：沈阳和哈尔滨；三是沿海城市：青岛。

一　北京

北京作为我国政治、经济、文化中心，其城市发展建设的能源使用量较大，且各种能源的综合利用形式全面，在能源生态化建设方面所经历的时间较长，采取的方法和措施十分值得沿海城市学习。尤其是之前为了迎接 2008 年的奥运会，北京在发展天然气、清洁能源方面采取了大量措施，为中国城市能源生态化供应建设作出了有益的尝试。

（一）能源结构

2010 年北京能源消费总量为 6954 万吨标准煤。终端能源消费中主要包括煤炭、焦炭、各种油品、天然气、人工煤气等（除去原料用），还包括发电供热所投入的煤炭和油品等。煤炭消费总量为2634.62万吨，煤炭和焦炭所占比重高达41.06%，其中，煤炭所占比重为37.89%，焦炭所占比重为3.17%。在煤炭消费中，发电和供热所占比重较大。这使得北京成为世界上仅有的几个以燃煤为主的特大城市之一。各种油品所占比例为15.36%；电力所占比例为11.95%；燃气所占比例为1.74%，天然气占燃气比例为61.81%。具体情况见表2-3。

表2-3 2010年北京能源消费结构

能源	消费量/万吨标准煤	比例/%
煤 炭	2634.62	37.89
焦 炭	220.45	3.17
汽 油	371.53	5.34
煤 油	392.63	5.65
柴 油	237.42	3.41
燃料油	66.69	0.96
液化石油气	46.21	0.66
天然气	74.79	1.08
热 力	2057.73	29.59
电 力	830.90	11.95
其他能源	21.03	0.30
合计	6954	100

资料来源：《中国能源统计年鉴》(2011)

由于北京的特殊情况，还存在直接燃煤采暖的用户，而燃煤是可吸入颗粒物的主要来源之一，也是硫化物的主要来源，因此直接燃煤所产生的二氧化硫、氮氧化物及可吸入颗粒物严重影响了北京的空气质量。

(二) 能源利用效率

在能源利用效率方面，北京万元GDP能耗指标从1995年的2.52吨标准煤下降到2011年的0.459吨标准煤。“十二五”第一年，从万元GDP能耗降幅看，2011年降幅最高的是北京，比上年下降6.94%。虽然北京万元GDP能耗比上海低25.73%，但与国际先进水平相比差距甚大，远远高于英、美等国家。

从能源消费结构看，工业是北京能源消费的主要部门，能源消费量占全市能源消费总量的一半以上。全市规模以上工业企业单位产值能耗为1.04吨/万元，比上海高8.7%。其中，石油加工炼焦及核燃料加工业、化学原料和化学品制造业、非金属矿物制品业3个高耗能行业（按现价产值计算，单位能耗分别为1.01吨/万元、2.13吨/万元、1.27吨/万元）的能源消费量占工业能源消费总量近一半以上。

（三）节能

节能方面，随着北京工业结构的进一步调整和新建建筑的不断增加，建筑能耗所占比例将逐渐加大，很快会占到总能源消耗量的40%以上。而北京目前建筑能耗利用效率普遍偏低，商业建筑日间照明耗电巨大；冬季采暖能耗是同气候条件下发达国家的2～3倍；商业建筑空调也有节能20%～40%的潜力。

在能源节约利用方面，北京目前实施节能率为65%的地方节能标准，新建建筑全面执行节能标准，建筑能耗减少50%，政府机构等公共建筑节能改造也在全面推开，与此同时，北京居住建筑节能标准拟提至75%。2011年我国新增节能建筑面积13.9亿平方米。全国城镇节能建筑占既有建筑面积的比例为24.6%，北京、天津、上海的比例已超过40%。

工业节能方面，针对冶金、石化、建材、化工、电力热力五大耗能行业，北京重点检查节能管理、节能节水情况、用能产品能效标准、耗能设备执行限额标准和工艺系统的能源利用状况等。对检查中主要用能设备和单位产品能耗超过限额的，限期治理并按照超限额水平实施加价收费，对严重超过限额的要向社会公布，对节能降耗有显著成效的予以表彰。实行企业能源审计和目标管理，建立能源管理信息系统，推行绩效合同，依法定期报送能源利用状况报告。对一些节能、资源综合利用等项目，通过专家评审，按照合同能源管理等方式，政府在资金上给予一定的支持。

（四）清洁能源发展重点项目

清洁能源发展重点项目如表2-4～表2-6所示。

表2-4　优质能源配套工程建设项目

项目	建设内容	投资额/亿元
第二条陕京常输管线	一条	35
新建、扩建储气库	两条	21.1
天然气室内管网	新建、扩建、改造	87.84
储运基地建设	扩建改造两处	5.7
门头沟鲁坨路		1.43
北京通州运河核心区区域能源系统建设项目	配套热力管网及供热首站新建工程	12.9
总计		163.97

资料来源：部分资料来自中国招标网、中国拟在建项目网

表2-5　停产、搬迁削减煤炭项目

项目	内容	削减煤量/万吨
北京炼焦化学厂停产	焦化厂停产	290
首钢总公司二号焦炉停产	首钢总公司二号焦炉停产	30
四环内工厂搬迁到郊区县	搬迁约150个工厂	50

表 2-6　优质能源替代项目

项目	建设内容	替煤量/万吨
高井电厂改烧燃气	燃机联合循环，2×300 兆瓦机组	143
四环路内保留工业用煤替代	以天然气、轻油、液化气、电等替代，约630 家工厂	100
市区民用煤替代	以天然气、轻油、液化气、电等替代炊事用煤、小炉火煤、分散小锅炉房和集中锅炉房用煤	629
电动汽车充换电服务设施建设	通过建设智能计量表计、实时通信网络等智能化充电设施，实现交通工具的动力被电取代	12.6

资料来源：耿立宏和闫隆斌（2011）

（五）能源供应生态化经验

1. 实施能源的替代

大力引进天然气、油品、电力等优质能源替代民用和市区工业用煤，削减炼焦用煤，将已经达到寿命期的燃煤电厂改为燃气电厂。针对天然气和电力消耗随时间变化不均衡的问题，采用天然气发电对一天之内电力负荷的峰谷差提供尖峰用电；发展电采暖和地热及水源热泵采暖，电力采暖主要采用直接电热方式，解决二环路内无燃气管道、无电力网的平房的采暖（马重芳等，2003）。天然气发电增加了夏季天然气用量，缩小了冬夏季天然气需求量的相对差；电力采暖又增加了冬季用电量，缩小了冬夏季用电量的相对差。

2. 不断提高能效，推广清洁燃烧技术，减少污染排放

开发和推广节能技术、节能设备和建筑节能技术，尽可能使用优质低硫煤；采用清洁煤技术，改进和提升煤炭利用水平；发展区域集中供热供气，减少自产自用的供热供气方式等。

3. 调整产业结构，加快第三产业的发展

着重发展金融保险、房地产、信息咨询服务、计算机应用服务等能源消耗低、附加值高的产业。同时控制能源消费总量和污染排放总量，改善大气环境质量。

4. 加快新能源和可再生能源的开发利用步伐

大力发展可再生能源的开发利用，制订具体的开发利用规划。大力推进太阳能利用，实施光伏发电示范工程；在北京周边地区建设风力发电厂；实施生物质气化集中供气系统工程和大型沼气能源工程；研究和开发燃料电池汽车和电动汽车（耿立宏和闫隆斌，2011）。推广太阳能建筑和太阳能照明灯具，建设多个光伏发电系统；有一定规模地应用水源热泵、空气源热泵等技术；发展80～100个生物质能气化发电村。《北京市“十二五”能源发展建设规划》提出在加快新能源和可再生能源开发利用和高端示范方面，建设太阳能、地温能、

生物质能和风电等新能源四大重点工程。北京将重点建设十百千万新能源利用工程［十万吨生物质燃料工程、百千万平方米热泵（地温能）高效应用工程、千万平方米光热利用工程、25 万千瓦太阳能发电工程、20 万千瓦生物发电工程、万辆新能源汽车示范应用工程］，显著提升开发利用的规模和水平。规划还提出，在重点建好延庆国家级绿色能源示范县和亦庄国家级光伏集中应用示范区建设的同时，全力争创国家级新能源示范城市（区），建设形成一批各具特色的市级新能源综合利用示范乡镇。

5. 强化排污收费制度

对市区所有燃煤用户，一律征收燃煤二氧化硫排污收费，并逐年提高现有的 1.2 元/千克的收费标准，同时制定和实施氮氧化物、粉尘等的污染排放收费标准，采取市场手段减少煤炭用量。

6. 制定合理完善的能源政策

调整现有的能源政策，提高能源利用效率；出台优惠的激励政策，保证清洁能源使用的经济性。

北京能源结构调整，主要采用清洁能源替代煤的思路。经过能源结构调整，用电和使用天然气已经成为北京的主要终端能源消费方式。2010 年全市供热面积达到 67 935 万平方米，比 2005 年增长 42.8%；清洁能源供热比例达到 58%。城八区 20 吨以下的燃煤锅炉、文保区 16 万户平房居民“煤改电”，改用了清洁能源，燃气、热泵等清洁供热面积超过 3.7 亿平方米，占全市供热面积的 58%。至“十一五”末，城六区实施了 1.6 万余台燃煤锅炉清洁能源改造，目前热电联产及清洁能源供热比例已达到 68.9%，2010 年二级及好于二级天数 286 天，比 2005 年的 229 天增加了 24.9%，为“绿色北京”作出了重要贡献。

二 上海

上海作为中国重要的经济、工业城市，其能源消耗量较大。由于上海在城市建设、经济发展各方面都领先于国内其他城市，其能源供应方式和节能措施也走在前列。尤其是借着“西气东输”的契机，上海更是将天然气作为主要清洁能源应用于城市能源生态化发展当中，因此，借鉴上海的能源结构调整和生态化供应措施有利于沿海城市建立先进、有效的能源生态化供应方案。

（一）能源结构

2011 年，上海能源总消费量约为 11 270.48 万吨标准煤。2005～2011 年，能源总消费量年均增长率超过 5%，平均每年增加约 500 万吨标准煤。其中，实际增长量最大的是 2010 年，与 2009 年相比增加了 833.75 万吨标准煤；实际增长量最小的是 2011 年，仅比 2010 年增加了 69.35 万吨标准煤。2011 年，在能源总消费量中，56%左右用于工业生产。2005～2011 年，工业能源终端消费量年均增长率超过 4%，其中电力消费量年均增长率最高，约为 5%，燃料油降幅超过 50%，原煤基本保持不变。具体见表 2-7。

表 2-7　上海工业能源终端消费结构变化

年份	工业能源终端消费量/万吨标准煤	原煤/万吨	焦炭/万吨	燃料油/万吨	电力/亿千瓦时
2005	4775.16	843.73	603.16	130.94	568.29
2006	5009.75	869.58	617.92	118.85	604.59
2007	5366.37	790.10	691.38	91.99	649.82
2008	5449.51	787.01	684.92	74.98	667.59
2009	5376.05	825.59	658.32	71.92	641.58
2010	5960.72	854.71	705.21	63.12	718.63
2011	6008.40	813.06	706.34	62.86	735.27

资料来源：《上海统计年鉴》(2012)

近年来，上海能源结构开始趋向合理，煤炭消费占全市能源消费的比例大幅度降低，电力成为主要的能源消费形式。天然气消费不足 1%，清洁能源所占比重偏低，与一些国际大城市的水平有较大差距。上海借着“西气东输”、“西电东送”的契机，开始建立与现代化国际大都市相适应的、多元化的能源供给体系及合理的能源消费模式。目前，上海停建燃煤电厂、煤制气厂，控制燃煤设施，抓紧建设燃气电厂、无燃煤区，增加了天然气用户（唐忆文，2012）。

经过能源结构调整，2009 年上海大气环境治理成效显著，主要污染物排放总量总体保持稳定。中心城区二氧化硫年日平均值比上年下降 31%，二氧化氮、可吸入颗粒物浓度与上年基本持平，达到国家环境空气质量二级标准。新机动车尾气排放实施了等效于欧Ⅱ标准的国家第二阶段排放控制标准。环境空气质量优良天数达 334 天，环境空气质量优良率达 91.5%。城市废弃物处置利用网络建设不断完善。全市新增居民生活垃圾压缩收集点 61 954 处，废物箱10 980个。江桥生活垃圾焚烧厂试运行、浦东生活垃圾生化处理厂投入使用。

1. 燃气的利用

近几年，上海加大了天然气等清洁能源的利用，改变了能源结构。1999 年，随着东海平湖油气田工程的建设投产，上海拥有了天然气产业。2004 年年初，西气东输工程正式向上海供气，上海年内用气量同比增长 90%。随着西气东输，上海的天然气气源量 2010 年达到 45.0 亿立方米，年增速达到 34.7%，具体情况见图 2-10。浦东实现了天然气化。以天然气为动力的洗衣机、烘干机、取暖机也开始走入家庭。

从表 2-8 可以看出，2005～2010 年，上海燃气用户数量一直以较为平稳的

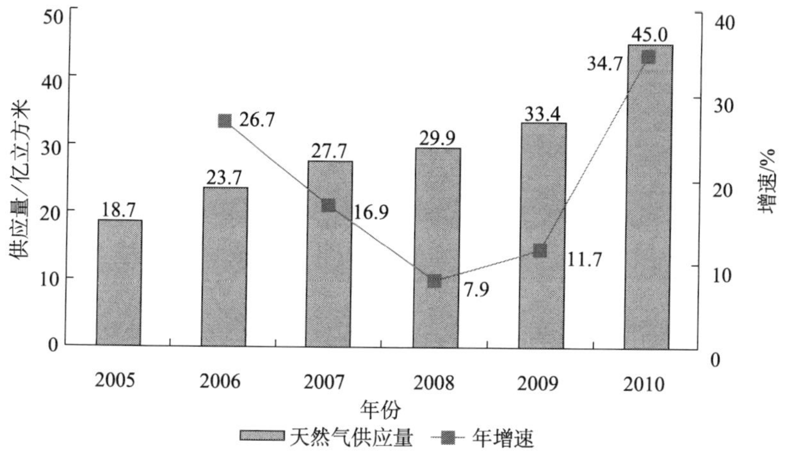

图 2-10　上海天然气供应量走势图

资料来源：上海市燃气发展“十二五”规划

速度增长，但其中使用天然气的用户数量增长显著，而使用人工煤气的用户在逐渐减少。从表 2-9 可以看出，上海供应的燃气由以液化石油气为主开始变为以天然气为主，2010 年天然气销售量达到 42.66 亿立方米，而液化石油气则由 40.11 万吨降为 40.05 万吨。

表 2-8　燃气用户数量增长情况　（单位：万户）

类型	2005 年	2006 年	2007 年	2008 年	2009 年	2010 年
天然气	187	218	260	310	370	410
人工煤气	240	233	216	188	154	135
液化石油气	257	264	281	295	314	320
合计	684	715	757	793	838	865

资料来源：上海市燃气发展“十二五”规划

表 2-9　燃气销售量情况

类型	2005 年	2006 年	2007 年	2008 年	2009 年	2010 年
天然气/亿立方米	17.49	22.58	26.60	28.37	31.33	42.66
人工煤气/亿立方米	19.97	19.22	18.48	17.66	14.19	12.85
液化石油气/万吨	45.26	45.86	50.65	48.57	40.11	40.05

资料来源：上海市燃气发展“十二五”规划

煤气的使用呈现稳步下降趋势。传统的人工煤气，由于安全性能相对较差，在居民家庭厨房使用的范围已开始减少，但在空调、热水器等领域仍具有较大拓展潜力，如许多机关、大厦不用传统的电能空调，改用煤气中央空调。

目前，上海已形成以天然气建设为中心，扩大电力、燃气消费，优化能源结构，保障能源安全的能源供需格局。上海已经不再新建燃煤电厂，逐步控制煤炭消费总量，推广各种煤炭洁净利用技术；加快天然气管网建设，建设天然气主干网及燃气电厂，建成重点工业区的热电联产项目；在工业、交通等领域积极扩大天然气应用。天然气呈现稳步增长的态势，天然气用户数也在不断增加，全市已经有 388.8 万户家庭用上天然气。

至 2009 年年末，全市人工煤气及液化气家庭用户达到 461.6 万户，比上年下降 3.2%；全市天然气家庭用户达到 366.8 万户，增长 19.1%。全年人工煤气供应总量为 14.19 亿立方米，比上年下降 19.6%。全年天然气售气量为 31.33 亿立方米，比上年增长 10.4%。年内上海天然气主干网开始接受“西气”，建成了东海平湖油气田扩建一期工程。上海市 2009 年燃气供应具体情况见表 2-10。

表 2-10　上海主要年份煤气、液化石油气、天然气情况

	指标	2000 年	2006 年	2007 年	2008 年	2009 年
煤气	煤气生产能力/（万立方米/日）	984	1013	1013	967	867
	煤气管线长度 /千米	6606	8778	8097	7086	6156
	煤气销售总量 /亿立方米	18.40	19.22	18.50	17.66	14.19
	家庭用量/亿立方米	11.50	10.9	10.3	9.64	7.46
	家庭煤气用户数 /万户	255.89	230.22	213.40	185.56	151.48
液化石油气	液化石油气销售总量/万吨	45.94	45.86	50.65	48.57	40.11
	家庭用量/万吨	20.47	26.70	28.75	29.28	24.11
	家庭液化石油气用户数/万户	239.30	260.10	277.30	291.58	310.16
天然气	天然气销售总量/亿立方米	2.16	22.58	26.60	28.37	31.33
	家庭用量/亿立方米	0.45	3.7	4.6	5.72	6.43
	天然气管线长度/千米	1742	8 349	10 867	12 877	14 997
	家庭天然气用户数/万户	38.10	216.93	257.90	307.88	366.78

资料来源：上海市统计局、国家统计局上海调查总队（2011）

上海还在努力发展液化天然气项目，与西气东输、东海天然气形成多气源供应格局。未来，在扩大天然气使用、推进能源结构调整方面，上海将在发电、城市燃气、工业和汽车燃料等领域大力推广使用天然气。

2. 电力供应

电力供应方面，2010 年上海电力消费出现大幅度增长，全年用电量达 1295.87 亿千瓦时，增幅达到 12.35%。2011 年电力消费量更是达到 1339.62 亿千瓦时，详见图 2-11。

近几年来，上海电力供应总量不足，电力供应逐步紧张，主要的原因如下。

首先，电力建设投资不足。上海电力建设明显滞后于电力需求和国民经济的增长。上海电力建设投资额 2008 年比 2007 年下降了 20.7%，而同期上海 GDP 则每年保持着持续增长，增速达到 6.9%；电力建设投资占全社会基础设施投资额的比重也从 2000 年的 14.4%下降为 2008 年的 7.5%，直接导致了上海电力建设步伐缓慢，电力供应总量严重不足。

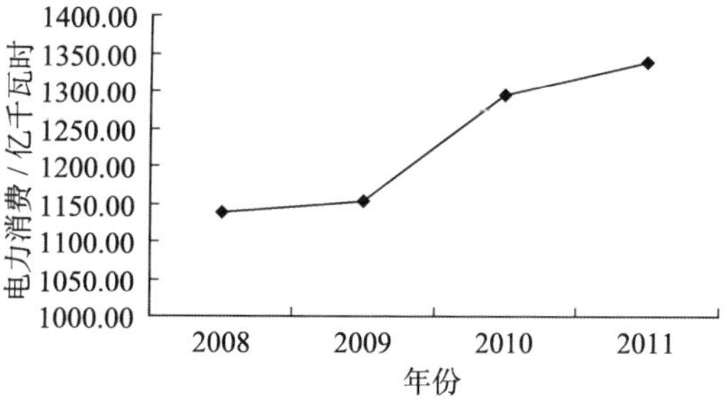

图 2-11　上海电力发展趋势图

资料来源：《上海统计年鉴》(2011、2012)

其次，高耗能产业的迅速扩张和近几年夏季的持续高温。随着经济结构的调整，上海加工工业，特别是重化工工业随着技术装备水平的改善，能源消费结构正在逐步走向合理，能源利用效率有所提高，但仍然没有从根本上摆脱对能源特别是电力的高度依赖性。2008 年的投入产出表显示，上海重化工工业的总产值达到 20 128.96 亿元，比 2000 年增长了 389%，而同期的电力建设投资却只增长了 100%。

2009 年夏天上海的持续高温天数达到了 40 天，接近历史同期的最高纪录。居民家庭空调、办公楼宇和商厦的中央空调成为电力消耗的大户，这加剧了电力供需的矛盾。由于城乡居民生活用电量在全社会用电量中的比重逐步上升，电力紧张对城乡居民日常生活的影响越来越大。为保证居民生活不受电力供应紧张的影响，上海政府迫不得已对部分工业企业采取拉闸限电的应急措施，对电力供应紧缺的矛盾起到了暂时缓解的作用，但供给严重不足的状况并未得到根本的解决。

（二）能源利用效率

上海已成为全国能源利用效率最高的地区之一，能源利用效率在国内处于领先地位。2003～2011 年的 8 年间，上海万元 GDP 能耗从 1.03 吨标准煤下降到 0.618 吨标准煤，能源消费增长速度远低于经济的增长速度。工业增加值能耗从 1995 年的 2.685 吨标准煤/万元下降到 2011 年的 0.889 吨标准煤/万元，降低幅度达 66.90%。其具体趋势见图 2-12。

（三）节能

从 2000 年开始上海第三产业的能源消费速度较以前有所增加，第二产业始终是最大的耗能部门，该产业的能源消费结构和能源节约率是上海能源生态化供应关注的重点。2007 年，第一产业能源消费量为 76.48 万吨标准煤，比上年下降 1.27%；单位增加值能耗为 0.824 吨标准煤/万元，下降 3.24%。而第二产

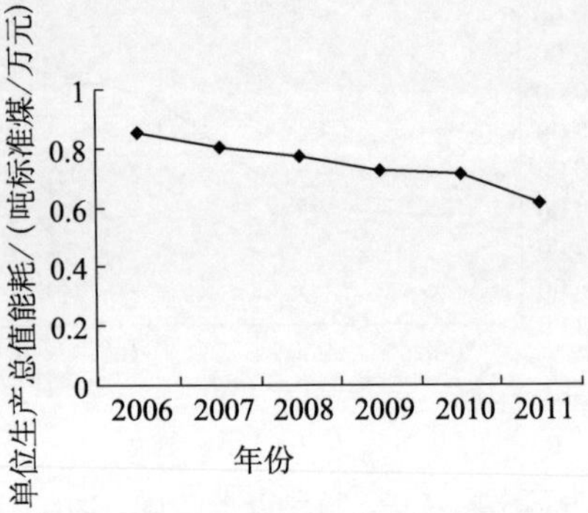

图 2-12 上海单位工业总产值能耗趋势图
资料来源：《上海统计年鉴》(2011、2012)

业能源消费量为 5861.5 万吨标准煤，比上年增长 5.42%，增幅同比降低 0.08 个百分点，占全市能源消费总量的 60%；单位增加值能耗为 1.054 吨标准煤/万元，下降 5.26%。其中，工业能源消费量为 5685.15 万吨标准煤，增长 5.57%，占全市能源消费总量的 58.2%，单位增加值能耗为 1.09 吨标准煤/万元，下降 6.01%；建筑业能源消费量为 176.35 万吨标准煤，增长 0.77%，单位增加值能耗为 0.486 吨标准煤/万元，下降 0.72%。第三产业能源消费量为 2993.1 万吨标准煤，比上年增长 15.31%，占全市能源消费总量的 30.6%；单位增加值能耗为 0.494 吨标准煤/万元，下降 1.5%。值得关注的是，交通运输业运能不断扩充，能源消费保持较快增长趋势，全年能源消费量为 1833.05 万吨标准煤，增长 14%；单位增加值能耗为 2.602 吨标准煤/万元，增长 3.56%，增幅同比提高 2.79 个百分点。

近 30 年上海各产业能源消费趋势见图 2-13。

工业节能方面，上海工业通过市场经济的手段，引导企业积极引进和实施“合同能源管理”。目前，在上海 500 家重点用能企业中，只有上海新亚药业有限公司等 3 家公司实施了“合同能源管理”，全市也只有一家企业——上海节能技术服务有限公司能为用能企业提供“合同能源管理”项目的服务，这使得上海企业节能尽管在国内处于领先水平，但仍落后于世界发达国家水平。实施“合同能源管理”后，能使企业节能量提高 20%以上。

建筑节能方面，全市新建住宅及政府投资的公共建筑，全部按照节能 50%的要求设计、建造，尝试运用太阳能热水器遮阳板、光电板发电、低辐射玻璃、地源热泵制冷发热等新的节能技术，最大限度地降低建筑能耗。

(四) 能源供应生态化经验

上海采用清洁能源代替煤炭的能源供应方式，积极利用天然气和电力，使

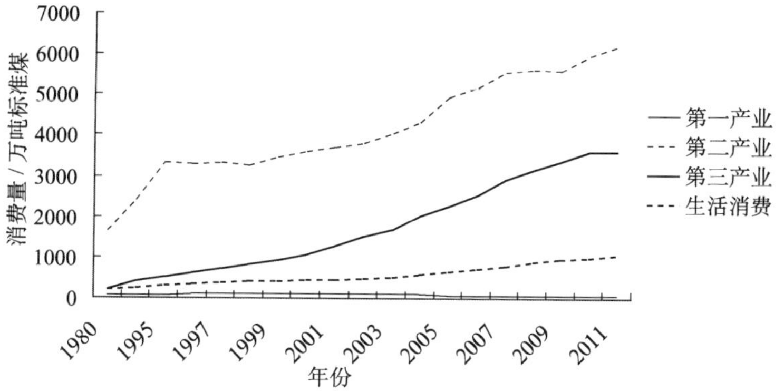

图 2-13　上海主要年份能源终端消费量趋势图

资料来源：《上海统计年鉴》(2011、2012)

煤炭在终端能源消耗的比例得到极大降低。停建燃煤电厂、煤制气厂，控制燃煤设施，抓紧建设燃气电厂、建设无燃煤区，扩大天然气用户。不断扩大天然气气源，建立液化天然气项目，形成多气源供应格局。加快形成天然气产业，在发电、城市燃气、工业和汽车燃料等领域大力推广使用天然气。可再生能源方面，上海通过建立垃圾焚烧发电厂，实现垃圾的综合处理和资源化。通过市场经济的手段强化城市工业生产节能，发展城市能源服务企业，实施合同能源管理。

三 沈阳

作为东北重工业城市，一方面，沈阳能源消耗大，全市平均每年消耗大约1200万吨标准煤；另一方面，沈阳能源缺口较大，全市80%以上的能源依赖外购，严重制约了经济发展。通过沈阳1990～2010年20年的能源消耗总量走势图（图2-14）可以看出，沈阳能源消耗总量呈现平稳、波动增长的趋势。由于能源供应结构中煤炭占有非常大的比例，沈阳在控制煤炭使用量和采用洁净煤技术方面使用先进的技术和方法，能为北方煤烟型城市提供一定的能源结构调整经验。

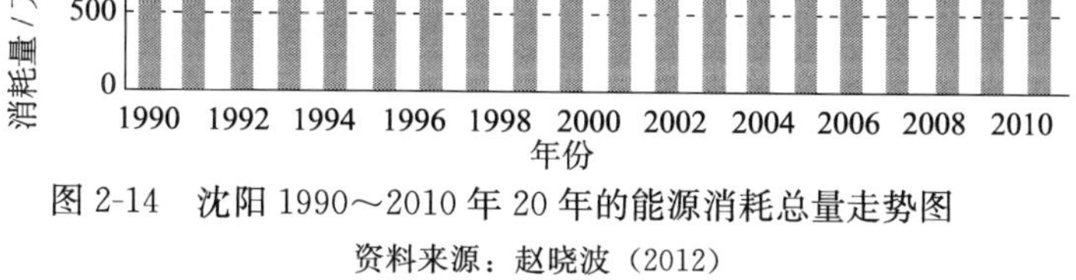

图 2-14　沈阳1990～2010年20年的能源消耗总量走势图

资料来源：赵晓波（2012）

(一) 能源结构

沈阳2010年一次能源消费结构如表2-11所示。

表2-11 沈阳2010年一次能源消费结构表

项目	煤	石油	天然气	太阳能	总量
消费量/万吨标准煤	1090.84	101.61	31.81	28.14	1252.4
占比/%	87.1	8.113	2.54	2.247	100

资料来源：《沈阳统计年鉴》(2011)

沈阳能源结构以煤为主，约占一次能源消费总量的87.1%，占终端能源消费总量的54.6%。今后一段时间内不会发生大的变化。20世纪90年代，煤炭在一次能源消费结构中所占比例平均高达50%左右，从1995年开始，由于天然气、水电及生物能源的大量开发利用，煤炭在能源消费中所占的比例开始大幅回落，平均水平降至30%左右。2004年后沈阳煤炭的消费量迅速增长，且与其他种类能源相比，仍遥遥领先，处于首位（赵晓波，2012）。

煤的利用分为传统利用和清洁利用两大类。原煤不经处理，直接用于消费称为煤的传统利用；煤经过一定处理或加工转化后再用于消费，称为清洁利用，主要指热电联产、洗选煤、配煤、型煤等。根据相关数据，2000年沈阳煤的利用总量为779.9万吨标准煤，其中，煤的传统利用量为487.94万吨标准煤，占当年总量的60%，相对应的煤的清洁利用量为311.96万吨标准煤，占总量的40%。

沈阳2010年规模以上工业企业能源消耗总量为1244.45万吨标准煤，人均能源消费量1.74吨标准煤。表2-12是沈阳规模以上工业企业按工业行业分类的能源消费量及其比重。

表2-12 沈阳2010年规模以上工业企业按工业行业分类的能源消费量

行业	能源消耗总量/万吨标准煤	比例/%
采矿业	190.72	15.33
制造业	764.46	61.43
电力、煤气及水的生产和供应业	289.27	23.24

资料来源：《沈阳统计年鉴》(2011)

沈阳规模以上工业企业按工业行业分类的能源消费量中，比重最大的是制造业，其次是采矿业和电力、煤气及水的生产和供应业。其中，采矿业能耗量所占比例呈下降趋势，制造业、电力、煤气及水的生产和供应业能耗量所占比例呈不同幅度的上升趋势。

1. 煤炭消费仍占主导地位

沈阳的能源消耗以煤为主，2010年沈阳能源消费量已经达到1252.4万吨标准煤。全市37个工业行业中，有10个行业能源消费同比出现下降。占能耗

45%的六大高耗能行业能源消费总量增长趋缓，合计 231.07 万吨标准煤，同比增长 5%。这种能源结构形成了煤烟型大气污染。目前，全市主要的能源消耗是原煤散烧，灰和硫的含量很高，由此生成的烟尘和硫化物大量排入空气，造成低空面污染。沈阳冬季燃煤量是夏季同时间段燃煤量的 3 倍，加之污染物不易扩散，大气中的总悬浮颗粒及二氧化硫均超过国家大气环境质量二级标准。除工业污染源企业的燃煤消耗以外，民用原煤散烧也是造成冬季大气环境污染的重要污染源。

2010 年，全市煤炭消费量为 1527.15 万吨，与 2007 年相比减少消费 1288.65 万吨，降幅达 53.95%，煤炭消费呈下降趋势。

2010 年，全市共生产煤炭 1418.10 万吨，比 2007 年增产 108.3 万吨，增长 8.27%，其中，生产原煤 881 万吨，比上年减产 13.8 万吨，减少 1.54%；生产洗精煤 537.10 万吨，比 2007 年增产 122.1 万吨，增长 29.42%。洗精煤生产增长较快主要是由于沈阳煤业（集团）有限责任公司所属的红阳三矿于 2010 年年初正式投入生产，致使洗精煤产量增加。随着国家规范煤炭市场等政策的实施，煤炭市场形势好转，需求量增加，使沈阳煤炭生产由近几年的负增长转为正增长。

作为重工业基地，沈阳既是耗能大市，也是缺能大市，能源自给能力不足，对外依赖性大，以煤为主的消费格局在相当长的时期内难以改变，煤炭缺口逐年拉大。仅 2007 年一年，缺口就达 955.5 万吨，这部分煤炭全部由外地调入。

2. 电力消费在工业能源消费中位居第二

2010 年全市工业电力消费量为 113.99 亿千瓦时。全市耗电量较大的行业主要有：石油和天然气开采业，食品、饮料和烟草制造业，化学原料及化学制品制造业，橡胶和塑料制品业，非金属矿物制品业和黑色金属冶炼及压延加工业六大行业。2007 年这六大行业用电量达到 33.76 亿千瓦时，占全市工业企业耗电量的 33.6%。

3. 油品消费有所增长

2010 年，全市原油加工总量为 71.81 万吨，比 2007 年增长 6.39%；生产汽油 17.56 万吨，比 2007 年下降 3.51%；生产柴油 12.62 万吨，比 2007 年下降 0.65%；生产液化石油气 6.83 万吨，与 2007 年相比增长了 33.92%。2001 年全市规模最大的能源加工转换企业——沈阳石蜡化工有限公司，全年原油加工量，产出的汽油、柴油、润滑油、燃料油、液化石油气，分别占全市（同口径）加工与生产总量的 73.6%、75.0%、63.6%、17.2%、100.0%和 82.6%。焦炭全年共生产 28.3 万吨，比上年增长 8.2%。沈阳原油消费量呈现波动下降趋势，原油消费量从 1990 年的 116.82 万吨标准煤下降到 2010 年的 101.61 万吨标准煤。原油在能源消费中所占的比例也呈逐步下降趋势，由 1990 年的 12.6%下降到2010年的8%左右。

4. 燃气供应不断发展

2008年全市民用燃气总户数为132.6万户，其中，天然气管道用户为109.7万户，液化石油气用户为22.9万户。

目前，按照大力引进优质气源的发展方向，以辽河油田天然气、自行开采的沈西煤层气为主气源，沈阳市炼焦煤气厂生产的焦炉气为辅助气源，全市形成了天然气、焦炉气、液化石油气等多种气源并存的格局，满足了全市100多万燃气用户的需求。

2003年沈阳加快推进发展燃气汽车，建成4座加气站，发展燃气汽车2000辆。沈阳的天然气不仅压力稳定热值高，而且价格不受市场波动的影响。一些企业放弃原先采用液化石油气、轻柴油等能源的想法，纷纷改用天然气。市煤气总公司下大气力抓气源建设和旧管网改造，累计投资5亿元。近年内，陕西天然气、俄罗斯天然气将先后引入沈阳，充足的气源将给沈阳燃气市场提供了更广阔的发展空间。“十一五”期间，天然气在能源消费结构中所占比例增长幅度较大，到2010年，天然气在沈阳能源消费总量中所占比例为2.54%，年平均增长率为35.93%。

（二）能源综合利用效率

重点耗能工业企业能源利用效率不高。据对全市80户耗能在万吨以上的重点工业企业的统计，2001年这些企业能源消费总量为363万吨标准煤，创工业总产值323.2亿元，分别占全市总量的60.6%和39.1%。每万元产值综合耗能为1.12吨标准煤，比上年上升4.7%。每吨能源创造工业总产值8904元，比上年的9046元减少142元，下降1.6%。在被考核的重点工业企业中，每万元产值综合能耗上升的有25家，占被考核总数的31.2%；下降的有55家，占被考核总数的68.8%。综合耗能下降幅度较大的企业有东北制药集团公司沈阳第一制药厂、沈阳卷烟厂、沈阳市工业纸板厂、沈阳市房产水泥厂、沈阳金山热电股份有限公司。

热电联产得到较大发展。由于热电联产具有节约能源、改善环境、提高供热质量、增加电力供应等综合效益，2007年沈阳市热电联产事业得到了进一步发展，2007年年末全市供热面积为17 800万平方米，比上年增加2000万平方米。2008年，国家“十一五”期间节能减排重点项目——沈阳金山热电工程项目正式开工建设。该项目竣工后，可以使沈阳成为东北地区最大的热电联产区域。

能源加工转换效率有所提高。2001年，全市能源加工转换能力增强，全年加工转换投入量为490.9万吨标准煤，比上年增加投入87.5万吨标准煤，增长

21.7%。能源加工转换效率有所提高，达到 77.6%，比上年的 73.9%提高了 3.7 个百分点。

（三）节能

建筑节能方面，近年来，沈阳不断加强对建筑节能和新型墙材的推广工作，城区新建居住建筑节能 50%已基本普及，截至 2004 年年末，全市累计建成节能建筑 2619 万平方米，其中，节能住宅 2509 万平方米，节能公共建筑 110 万平方米，节能公共建筑仅占节能建筑总量的 4.2%，并且大部分是近年来一些大专院校和医疗机构新建的建筑，商业和办公等公共建筑开展节能较少（刘永健等，2009）。依据建设部下发的《关于发展节能省地型住宅和公共建筑的指导意见》，沈阳作为我国的大城市，2006 年 3 月后新建建筑要实现节能 65%的目标，并在 2010 年前完成应改造面积总量 25%的改造目标，即完成 3000 万平方米的既有建筑的节能改造，平均每年要完成 600 万平方米。到 2020 年，绝大部分既有建筑完成节能改造。

新建公共建筑中，有 95%以上为高能耗建筑，2008 年沈阳市建委结合沈阳实际情况，开展全市城区和郊区、县（市）政府所在地的城镇新建居住建筑全面执行节能 65%的设计标准，公共建筑节能率不少于 50%的推广工作。

工业节能方面，由于更新改造资金投入不足，节能降耗难以实现。全市年消耗万吨标准煤以上的重点工业企业能源消耗量占全市工业耗能量的 60%，而这些企业多数设备陈旧老化，许多已经被淘汰的设备，由于更新改造资金投入不足，陈旧设备得不到改造，目前仍然继续使用，很难适应快速发展的新兴产业的需要。例如，沈阳重型机械集团有限责任公司所属的热力厂，由于受资金短缺制约，不能对陈旧老化、转换效率低的蒸汽锅炉及时进行更新改造，单耗指标严重超过国家规定标准，蒸汽锅炉标准煤单耗高达 158 焦比（国家标准二等炉为 120～126 焦比），类似现象在其他企业中也同样存在，加速这些企业能源设备的更新改造，将大大提高企业节能成效。

（四）清洁能源发展重点项目

清洁能源发展重点项目如表 2-13 所示。

表 2-13　清洁能源发展重点项目

序号	项目名称	总投资/亿元	备注
1	空气自动监测系统和烟尘在线监测系统建设	0.20	煤炭
2	高污染燃料禁燃区及散煤禁燃带建设	5.3175	管制
3	拆除非集中供热锅炉房工程	5.00	拆小建大
4	建设热电联产集中供热工程	28.74	
5	建设区域性集中供热工程	20.40	

续表

序号	项目名称	总投资/亿元	备注
6	锅炉自动控制分层给煤燃烧装置推广应用	0.10	节能降污
7	节能型住宅建设项目	2.0	
8	控制 PM10 湿式高效除尘脱硫装置示范工程及推广应用	0.11	烟气净化
9	燃煤锅炉高效脱硫除尘器推广应用	0.2	
10	建设液化气混合气工程	0.282	原煤替代
11	推广洁净型煤工程	0.25	
12	水煤浆生产及应用示范工程	0.3523	
13	清洁采暖技术推广应用	0.6	
14	建设风力发电示范工程	2.07	
15	燃煤锅炉高温气化技术开发与推广应用	0.03	

资料来源：清洁能源行动办公室（2005）

（五）能源供应生态化经验

沈阳是我国北方的重工业基地，能源结构以燃煤为主，在历史上是煤烟型污染重点城市。针对这个特点，沈阳在清洁能源行动中，综合采取多项措施控制城区煤烟型污染。概括来说，沈阳清洁能源行动实施方案由一个战略规划、五大具体行动、15 个重点工程组成，如图 2-15 所示。

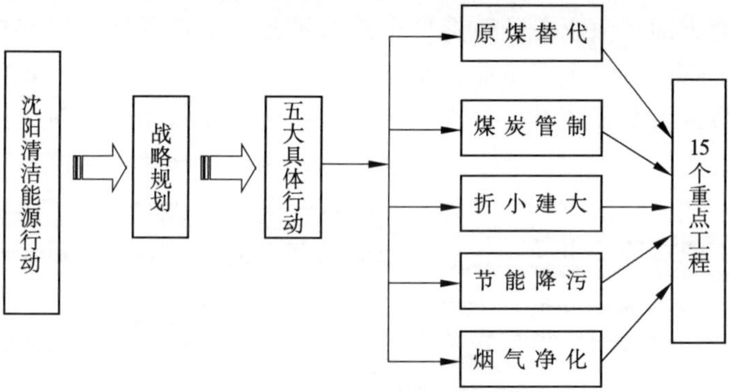

图 2-15 沈阳清洁能源行动实施方案

1. 一个战略规划

沈阳首先进行清洁能源行动战略规划研究，深入系统地研究和策划沈阳清洁能源行动的指导思想、总体方案和战略目标，以及工作任务、措施和行动计划等。

战略规划内容包括：①清洁能源行动总体战略与对策研究；②清洁能源行动政策法规研究；③清洁能源行动环境质量指标评价系统研究。

2. 五大具体行动

（1）煤炭管制行动：继续强化煤炭管制，严格控制入炉煤品质，鼓励和加强使用低硫、低灰分煤，扩大高污染燃料禁燃区面积，建立和完善有效的监管体系和制度。

（2）拆小建大行动：制订详细计划和指标，分期、分批拆除大部分分散设置的小锅炉房，合理调节城市热力供应结构，大力发展城市热电联产、区域集中供热。

（3）节能降污行动：沈阳应改变煤的传统燃烧方式，加强清洁生产审计管理，大力推广煤的高效转化技术和煤的清洁燃烧技术，推广应用节约能源、降低污染的高新技术和装置，提高能源利用效率。

（4）烟气净化行动：在实施有效的源头削减和过程控制的同时，还应加强必要的末端治理手段，利用先进、高效的技术最大限度地控制大气污染物的最终排放量。

（5）原煤替代行动：继续致力于产业结构和用能布局的优化及调整，逐步限制直接销售和使用原煤，在大力推广洁净煤技术的同时，积极采用原煤替代技术。

为保障清洁能源行动的顺利实施，实现预期目标，沈阳市政府成立了清洁能源行动小组、领导小组办公室及专家组，出台了一系列的地方法规和政策，通过政策引导，形成多方筹资体系，加大投入力度。但是在实施的过程中也遇到了一些障碍：①缺少相关的政策法规；②资金缺乏，融资渠道较少；③行业垄断经营，缺乏竞争和监督机制。沈阳清洁能源的发展经验有以下几点。

（1）重视建立组织保障体系。2003 年 1 月沈阳市政府批准实施沈阳市清洁能源规划，并成立了市长亲自挂帅的沈阳市清洁能源行动领导小组。几年来，领导小组办公室成员不仅保持了相对稳定，而且队伍不断壮大，吸收了东北大学、沈阳环境科学研究院、监测中心站等高等院校、科研院所的人员参加。

（2）重视宣传工作，使清洁能源行动深入民心。结合创建国家环保模范城市的有利时机，大力发展清洁能源行动的宣传活动，在电台、电视台、报纸和网站发布了大量的沈阳市清洁能源行动的相关信息，组织多次清洁能源专题研讨会。

（3）重视法规、相关政策的制定和落实，为实施清洁能源行动铺平道路。根据《中华人民共和国大气污染防治法》，沈阳修订了《沈阳市大气污染防治条例》，制定了《沈阳市型煤生产开发及推广应用技术政策》、《沈阳市煤炭开发利用技术政策》、《沈阳市燃煤锅炉污染防治技术政策》、《沈阳市清洁能源利用技术政策》、《沈阳市窑炉污染控制技术政策》、《沈阳市扬尘污染防治技术政策》等多项技术政策，并积极推进《对分户蓄热电采暖居民用户实行平谷分时电价》政策的落实，使沈阳市清洁能源行动的实施做到了有法可依、有章可循。

（4）重视科技支持，将清洁能源行动列为市重大科技专项。2001 年以来，沈阳清洁能源行动重大专项重点支持了水煤浆产业化应用示范工程、洁净型煤工程、清洁采暖技术推广应用、煤的高温气化与高温贫氧气燃烧一体化技术开发及推广应用、控制 PM10 湿式高效除尘脱硫装置示范工程、沈阳皇姑热电厂三期工程等项目，有力地促进了清洁能源行动的实施。

（5）根除城市布局不合理的顽疾，实施产业结构调整，为实施清洁能源行动扫除障碍。沈阳从调整城市布局入手，在三环以外先后建立了 8 个以工业为主导的市级开发区，在各郊区、县建立了 11 个集约型工业开发区。

（6）提高城市管理手段，确保清洁能源行动的实施。重点加强了提高城市管理的工作，一是加强了煤炭管制工作；二是在管理模式上，实施了“分区负责、责任到人”的“环境片警”执法制度；三是建设市环境监控中心，对全市热电厂、大型热源安装在线监控系统。

（7）推行专业化、社会化供暖，发展集中供热。沈阳对供暖体制进行了大规模的改革，原企事业自管供暖锅炉房已全部由专业供暖公司接管。允许非国有资本进入供热领域，并通过上市的专业供暖公司筹措了大量的资金，极大地促进了集中供热发展。

四 哈尔滨

哈尔滨由于地理位置的原因，城市的供热系统高耗能的要求使得全市的煤炭使用比例非常高。但是哈尔滨在热电联产和热能集中供应方面有不少较好的做法，同时在建筑节能方面也有自己的特色。

（一）能源结构

2010 年哈尔滨规模以上工业企业的能源消费总量为 1714.81 万吨标准煤，其中，实际数额排在前两名的分别为原煤和原油。具体情况可见表 2-14。

表 2-14　2005～2010 年规模以上工业企业能源消费量情况

年份	能源合计 /吨标准煤	原煤 /吨	焦炭 /吨	天然气 /万立方米	汽油 /吨	原油 /吨	煤油 /吨	柴油 /吨	电力 /万千瓦时
2005	14 354 009	12 630 888	261 273	364	37 492	2 705 695	1 777	47 048	626 153
2006	15 972 825	13 350 879	435 654	175	82 603	2 907 367	1282	58 413	594 777
2007	16 788 049	14 134 512	467 025	412	55 030	3 008 373	2 545	61 314	661 852
2008	16 486 068	14 787 991	453 049	1 046	24 681	2 763 446	3 878	42 220	703.744
2009	16 087 591	13 951 795	393 530	2 520	22 860	3 016 795	2 417	48 199	6 016 373
2010	17 148 055	17 163 475	394 587	7 414	22 409	3 317 488	2 948	49 994	683 292

资料来源：《哈尔滨统计年鉴》(2011)

1. 电力

2010 年全市共用电 173.89 亿千瓦时，比 2009 年增长 7.60%，其中城镇居民生活用电为 28.48 亿千瓦时，增长 2.08%，见图 2-16。

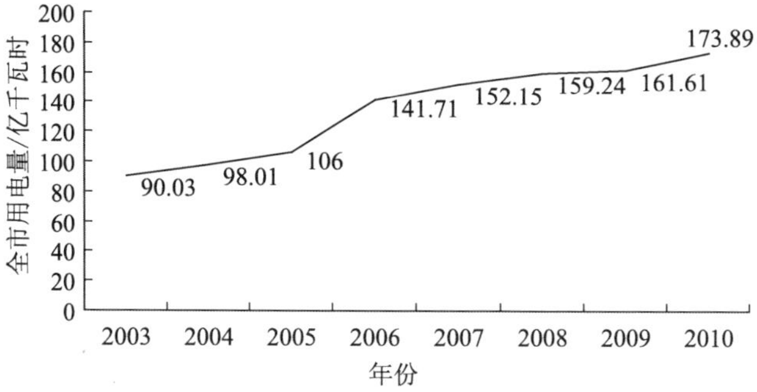

图 2-16　哈尔滨电力消费趋势

资料来源：《哈尔滨统计年鉴》(2011)

“十一五”前三年，哈尔滨火力发电量增幅分别为 4.2%、14%、−3.8%，从 2008 年起，受金融危机的影响全市用电量大幅下降，全市大型火力发电厂发电量出现负增长。在这样的不利局面下，电力行业从调整生产运行方式入手加大能源利用效率，千方百计降低生产成本保增长，产值能耗整体下降。

2. 燃气

哈尔滨近几年煤气与天然气发展较快，2008 年年末煤气用气总人口达 158.4 万人，消费总量为 3.28 亿立方米，管道煤气普及率为 49.6%。天然气用气总人口达 118.6 万人，消费总量为 0.28 亿立方米，普及率为 37.1%。液化气用气总人口则有不断下降的趋势，2003 年为 82 万人，比上年减少 7.8%，消费总量为 8.5 万吨。具体趋势见图 2-17。

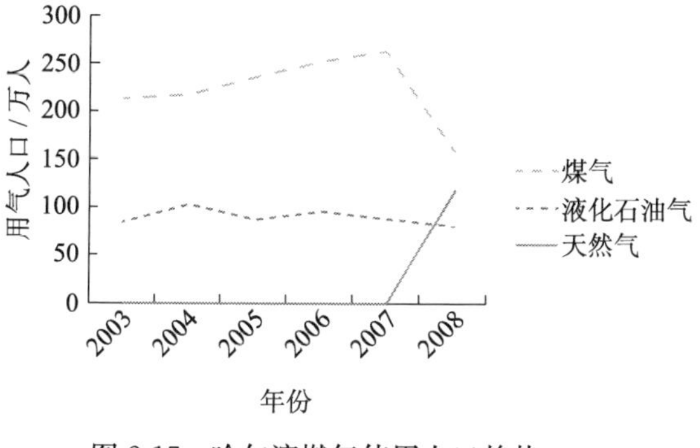

图 2-17　哈尔滨燃气使用人口趋势

资料来源：《哈尔滨市统计年鉴》(2011)

哈尔滨正在逐步推行天然气置换，燃气部门将根据气源情况，进一步提高管道燃气的比例，同时加大天然气在工业生产、餐饮服务、燃气空调及汽车等领域的推广应用。目前，哈尔滨已建成两座天然气加气站，每座加气站日供气 1 万立方米，200 余台公共汽车已经用上了天然气。

（二）能源利用效率

哈尔滨重点能耗工业企业产值能耗呈逐年下降趋势，2008 年重点能耗工业企业产值能耗为 0.82 吨标准煤/万元，与上年相比降低了 7 个百分点，但仍然高于沿海发达城市的平均水平，具体见图 2-18。哈尔滨 2009 年与 2010 年重点工业企业分行业产值能耗情况具体见表 2-15。

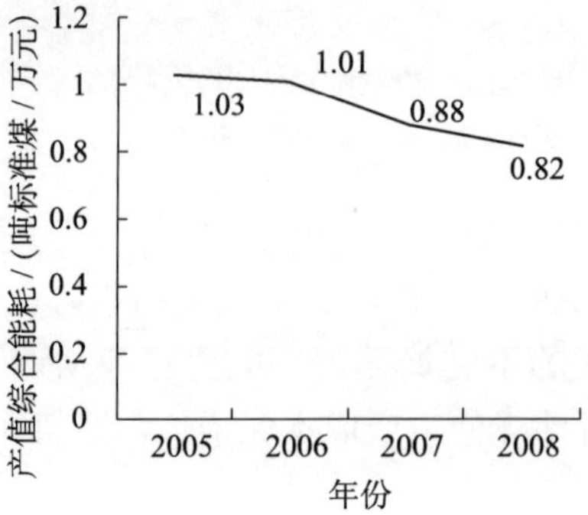

图 2-18　哈尔滨重点能耗工业企业产值能耗

资料来源：《哈尔滨统计年鉴》(2011)

表 2-15　哈尔滨重点工业企业分行业产值能耗情况

指　标	综合能源消费量/吨标准煤		工业总产值/万元		产值综合能耗/（吨标准煤/万元）		2010 年比 2009 年增长比例/%
	2009 年	2010 年	2009 年	2010 年	2009 年	2010 年	
采矿业	64 480	66 875	66 500	73 808	0.97	0.91	−6.2
制造业	3 668 333	3 148 585	9 204 354	10 278 011	0.40	0.31	−22.5
电力、燃气及水的生产和供应业	3 449 563	3 272 321	561 955	692 864	6.14	4.72	−23.1
合　计	7 182 376	6 967 383	9 832 810	11 044 684	0.73	0.63	−13.7

资料来源：《哈尔滨统计年鉴》(2011)

在能源的综合利用方面，哈尔滨大力发展热电联产和集中供热，积极发展低温核供热和区域大型集中供热锅炉房，加快热网建设，形成运行可靠、调度灵活的供热网络。重点建设原马家沟机场开发区集中供热网、道里中心区集中供热网工程，积极推进平房开发区集中供热网工程和道外-太平热网工程。到 2008 年年底，新增集中供热面积 906 万平方米，达到 11 052 万平方米；集中供热普及率达到 64%。

在能源副产品循环利用方面，建成以粉煤灰为原料的生产建筑材料基地，拓宽了粉煤灰综合利用领域，综合利用率已达到55%。省火电三公司拟投资1亿元建设的日处理垃圾800吨，集发电、制肥、综合利用于一体的垃圾无害化处理厂工程，已完成规划选址和环境评估。

（三）节能

哈尔滨在新开发城区的建筑设计和建造过程中都力求遵循生态化原则，建立绿色环保建筑，尽可能从各个方面做到节约能源，尤其是在商用建筑方面进行了有效的尝试，这些方法具体表现为：①建筑集成光电板。这是一种能够充分利用太阳光能的建筑材料，不仅能给建筑物提供直流电，而且其使用寿命较长，又不需要维修、清洗。②密封围护结构。在建筑中采用高性能窗户可以显著节约建筑能耗，节约采暖费用。根据建筑设计和建筑其他部分的效率，安装高性能窗户可以使采暖费用降低20%以上。节能还包括夏季的供冷负荷。高性能窗的另外两个优势在于：一是减少传入建筑内的声音，因此室内更加安静；二是由于它可以通过更多的天然采光，因此可以降低电力照明负荷，从而更为节能。建筑围护也采用密封形式，尤其是空气隔离材料和蒸气隔离材料需要被很好地密封，并连贯建筑物的所有表面，因为空气渗漏会使得采暖和供冷费用提高25%～50%。③独立新风系统和置换通风。在建筑物的暖通空调系统中将通风系统和采暖供冷系统分离。通风系统可以通过走廊、办公室和前庭排风等向室内提供自然通风，作为独立新风系统；同时，新风以置换通风的方式由贴近地面的地方送入室内，从而在人员停留的工作区获得更好的空气品质。独立新风系统可以提高建筑物内部环境的健康性和安全性，也可以降低一次投资和运转费用，而且由于室内相对湿度明显减小，可以提高室内人体舒适感。置换通风相对于混合通风的优点在于人员停留区空气品质好，热舒适性好；同时由于仅需考虑人员停留区负荷，上部负荷可不必考虑，置换通风所需的能耗可以比混合通风减少20%～30%。④季节性冰蓄冷。由于哈尔滨的供冷季节短，在设计建筑物时可以减少制冷机的投资。在热交换中使用地下水，首先建造一个足够大的蓄冷库，用于存放整个夏季供冷所需要的冰量。在冬季，冰库通过收集附近的冰雪，以及人工制冰的方式获得足够的冰量。

（四）能源生态化供应经验

在控制煤炭污染方面，哈尔滨严格控制新上燃煤锅炉、无燃煤区和原煤散烧控制区，目前其改用清洁能源或洁净煤技术产品的锅炉分别达到50%和40%，清洁能源减少了全市35万吨燃煤的使用；将哈尔滨电缆厂、哈尔滨拖拉机厂等46家重污染工业企业迁出了城市原煤散烧控制区；对供热管网内现有的锅炉实行并网改造。

哈尔滨关注居民生活用电的状况，特别注重对变电所的规划建设，以保证城市生活和生产用电；其在建筑节能方面的尝试也值得其他城市在开发设计新城区的商用建筑物时借鉴。

五 青岛

青岛在地理环境、经济总量和生活习惯方面与其他沿海城市的相同点很多，所以青岛在能源供应方面的成功和不足之处，非常值得沿海城市借鉴和总结。

（一）能源结构

青岛是一个一次常规能源短缺而一次待开发新能源潜力较大的城市。目前使用的一次能源主要为煤和原油，全部靠外地输入，新能源开发基本上仍为空白。这种能源结构的总体格局已经延续多年，但一次能源与二次能源的比例在逐步改变，能源的质量在不断提高。

2011 年，青岛能源综合能源消费量为 1635.5 万吨标准煤。从主要能源消费情况看，2011 年全市规模以上工业企业主要能源消费量上升，增速减缓。从主要能源消费的情况看，原煤消费 1660.50 万吨，同比下降 5.1%；原油消费 1290.04 万吨，同比下降 67.49%；电力消费 207.65 亿千瓦时，同比增长 4.94%。具体情况见表 2-16。

表 2-16 2011 年青岛规模以上工业企业主要能源消费情况

能源名称	消费量	折算成标准燃料/万吨标准煤	所占比例/%
原煤	16 604 993.84 吨	1 186.09	28.24
焦炭	1 442 806.47 吨	140.15	3.34
焦炉煤气	6 508.38 万立方米	3.86	0.09
其他煤气	12 497.16 万立方米	4.46	0.11
原油	12 900 419.32 吨	1 842.95	43.88
汽油	202 431.86 吨	29.79	0.71
煤油	3 264.34 吨	0.48	0.01
柴油	137 743.85 吨	20.07	0.48
燃料油	695 275.71 吨	99.33	2.37
液化石油气	114 396.01 吨	19.61	0.46
炼厂干气	417 626.00 吨	65.63	1.57
热力	31 961 207.66 兆千焦	109.05	2.60
电力	2 076 493.14 万千瓦时	679.01	16.16
合计		4 200.48	100.00

资料来源：《青岛统计年鉴》（2010、2011、2012）

1. 电力

2009 年青岛电力保持稳步增长，全社会用电量为 259.42 亿千瓦时，增长 3.7%，比去年同期下降了 2 个百分点。工业用电为 168.12 亿千瓦时，增长 12.8%，工业用电占全社会用电的 64.8%，比重下降 1.27 个百分点。城乡居民生活用电为 43.29 亿千瓦时，增长 7.38%，其中城镇居民生活用电增长 7.09%，乡村居民生活用电增长 7.86%。具体发展趋势见图 2-19。

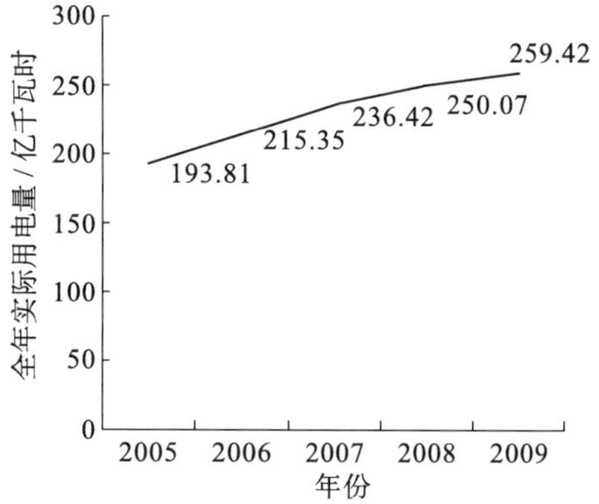

图 2-19　青岛电力消费趋势图

资料来源：《青岛统计年鉴》(2010、2011、2012)

2. 燃气

2009 年青岛煤气供应总量为 0.75 亿立方米，比上年下降 13.44%，煤气用户总数为 4.1 万户。天然气供应总量为 2.69 亿立方米，比 2008 年提高 24 个百分点，天然气用户总数为 64.3 万户。青岛的液化石油气是燃气供应的主要形式，2009 年液化石油气供应总量为 9.67 万吨，比 2008 年提高 18 个百分点，液化石油气用户总数为 52.5 万户，占燃气用户总数的 43.4%。具体情况见图 2-20。

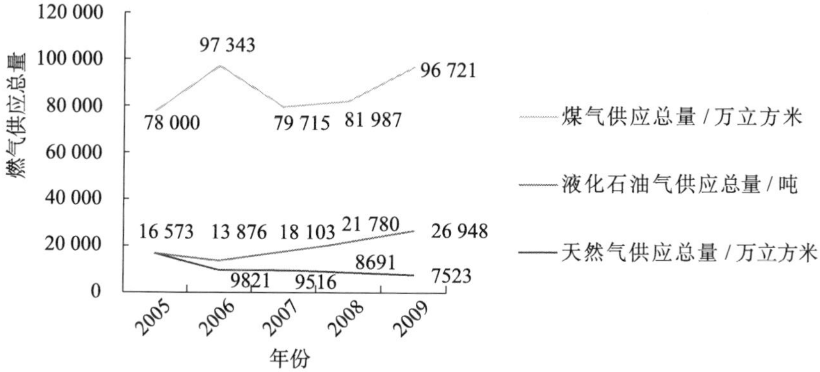

图 2-20　青岛燃气供应趋势图

资料来源：《青岛统计年鉴》(2010、2011、2012)

青岛在城市公交车和出租汽车更新换代时，大力推广单燃料燃气汽车。在城市公共交通线路的招标中，只允许天然气公共汽车参加招投标。青岛政府设立了专项资金，用于扶持公交天然气汽车示范线的规划与建设。

2003年青岛正式成为“国家清洁汽车重点推广应用城市”以来，国产化燃气汽车装置、加气站设备、天然气储运系统制造基地和科研中心建设项目相继落户青岛市。2009年，青岛已建成液化石油气加气站29座、压缩天然气加气站33座，液化天然气加气站1座，城市燃气汽车总数达2万辆以上，全市燃气汽车每年使用液化石油气替代汽油6000吨，每年节约汽车燃料费约1000万元，形成本市与周边省、市相互连通的液化石油气和压缩天然气加气站网络。

3. 可再生能源

青岛可开发的新能源潜力也很大。一是风能资源丰富，年平均风速为5.3米/秒，风能密度为240瓦/平方米，有效风能年平均时间为6485小时，可以在郊区建设风力发电项目；二是光能资源较好，全年太阳能辐射总量为500千焦/平方厘米，年平均日照时数为2550小时。目前采用太阳能供应热水的用户增加很快，有待进一步开发；三是海洋资源优势大，尤其是滨海海水冬季最低温在5℃以上，利用海水做冷热源，采用热泵技术，可以实现供热和制冷；四是即墨温泉镇地热资源分布面积10余公顷，水温为30～60℃，最高为93℃，目前利用率较低，有待进一步开发利用。此外，垃圾焚烧发电、供热和低温核供热都是青岛能源生态化供应的方向。

（二）能源利用效率

从能源加工转换情况看，2009年，全市重点能耗工业企业能源加工转换过程中能源投入为2662.2万吨标准煤，同比增长27.8%，产出二次能源2172.2万吨标准煤。从加工转换类别看，火电：投入576.8万吨标准煤，产出电力180.9亿千瓦时；供热：投入能源288.3万吨标准煤，产出热力61 726太焦；炼油：投入原油1692.7万吨标准煤，产出各种石油制品260.1万吨，其中，产出成品油796.6万吨，液化石油气77.7万吨，其他石油制品307.7万吨；制气：投入能源49.2万吨标准煤，产出煤制气0.8亿立方米，焦炭86.8万吨。

全市工业企业能源消费主要分布在40个工业行业大类中。据统计，主要集中在纺织业，石油加工及炼焦业，化学原料及化学制品制造业，橡胶制品业，非金属矿物制品业，黑色金属冶炼及压延加工业，电力、蒸汽、热水的生产和供应业和煤气生产和供应业等行业中。这八大行业的能源消耗量占全部能源消耗量的一半以上，其能耗的增减量对全市能源消费量的变化有着举足轻重的影响，见表2-17。

表 2-17　2009 年青岛八大行业全年能源消费情况

行业名称	综合能耗/万吨标准煤	同比增减/%
纺织业	327.33	−8.2
石油加工、炼焦及核燃料加工业	17 454.15	49.8
化学原料及化学制品制造业	2 413.15	1.6
黑色金属冶炼及压延加工业	1 579.47	−7.1
电力、热力的生产和供应业	1 166.65	1.3
燃气生产和供应业	80.24	3.7
橡胶制品业	204.21	−4.9
电力、蒸汽、热水的生产和供应业	820.59	−21.1

资料来源：《青岛统计年鉴》(2010)

从主要工业产品单耗下降来看，全市工业生产中所消耗的能源占工业产品平均成本的 10%左右，但是行业间不同产品能源消耗的差距很大，如化工、冶金行业占总生产成本的 30%左右，电力行业更是高达 80%，这些行业主要工业产品生产所需能源量的多少对产品价格有着较大的影响，降低产品单位能源消耗量显得十分重要。2009 年，高耗能行业通过采用节能新技术、新工艺、新设备、新材料，使得主要工业产品单位能源消耗量有不同程度的下降，特别是原油加工、纸张、烧碱、平板玻璃等能源消耗量较大的产品下降幅度较大。

（三）节能

(1) 建筑节能。青岛积极推广“节能省地型”住宅，通过科学的规划布局、合理的功能分区、高标准设计、充分利用地下空间和太阳能热水系统，提高建筑物维护结构保温隔热性能，减少热量消耗等，实现住宅需求和节约能源、保护环境、优化生态并重。在住宅建设中按照减量化、再利用、资源化的原则，搞好资源综合利用，加大新技术、新工艺、新设备和新材料的推广应用，大力抓好节能、节地、节水、节材的“四节”工作。

(2) 全社会节能。青岛成立节能技术服务中心，履行法定监测、第三方公正认定、节能科研、行业协作、行业咨询和培训五大职能，不断开拓服务领域。20 世纪 90 年代以来，青岛市节能技术服务中心先后对全市 1145 个企事业单位，9462 台（套）设备，6412 个煤、油样进行了监测，提出整改意见 7000 多条。据相关数据保守估计，近几年来，青岛节能技术服务中心至少完成行业培训 5000 人次、行业项目论证（认证）200 多项、行业技术协作 50 多项（杨儒石，2011）。

为了配合北京举办 2008 年奥运会，青岛的奥运场馆建设也以环保节能为设计重点，为了建设新型节能建筑，青岛也尝试采用先进的节能技术、节能工艺和产品，主要是节能墙体材料与技术、采暖和空气调节产品与技术、保温绝热材料与技术、绿色环保涂料、节能照明与节能家电产品等。

（四）能源生态化供应经验

青岛的企业在不影响生产的同时，不断调整和改进能源消费结构，兼顾经济合理性，大力引进和发展清洁能源，使企业的能源消费结构由以原煤为主的污染型能源结构逐步转变为以电力等优质能源为主的清洁型能源结构，电力对煤炭消费的替代越加明显，对降低能源消费总量起到了一定的促进作用。

各企业按照能源生产供应状况和合理用能要求，重视清洁能源、新能源和可再生能源的开发利用，充分利用电力、天然气来逐步替代原煤的调入，增加新能源、可再生能源和电力、天然气等优质能源的利用比重，提高优质能源利用率。工业发展重点放在低耗能和高增加值的行业与产品上，禁止新上高耗能产品项目，限制现有高耗能产品与企业的发展，减少对煤炭的依赖程度，大力发展环保产业，培育在环保产业中具有较强竞争力的重点企业，在实现环保产业规模化、集约化经营，提高经济效益和市场竞争力的同时，采取技改等措施使煤炭终端消费量进一步降低，使生产所需能源更进一步优化。

青岛正在探讨输煤管道项目、渤海天然气项目、大炼油项目等能源项目，这将对 21 世纪的青岛能源结构产生深远的影响。另外，青岛作为旅游名城，环境质量要求越来越高，原煤消费所占比例将越来越低，而优质洁净能源比例将越来越高。

青岛在能源利用和节能方面都投入了较大力量，尤其是从政府到社会都十分重视能源的节约利用，采取了很多有借鉴意义的节能措施，并取得了一定的成绩。

第三章 城市能源供应生态化水平测度体系

城市能源生态化供应的研究是建立在一定理论基础上的。下文在分析城市能源生态化供应的特点、建立标准的基础上，构建城市能源生态化供应的层次结构模型，最后建立一套指标体系，以此为基础可以评价城市能源生态化供应方案。

第一节 城市能源生态化供应的特点及标准

一 城市能源生态化供应的特点

结合城市能源生态化的概念，可以看出城市能源生态化供应具有以下几个特点。

（一）复杂性

能源供应链是一个网络结构，网络上的每一个节点都代表一个能源活动主体，节点和节点之间存在着能源需求和供应关系。由于能源需求的广泛性，几乎每一个社会活动主体都和能源供应链具有直接或者间接的关系。

能源供应链上的节点往往由多个、多类型甚至多地区的主体构成，各个主体的位置较为分散，不同类型的能源供应链之间也存在相互联系，如火力发电需要煤炭能源的供应，而煤炭的开采和精选则需要电力能源等。城市能源供应链的生态化改造必然会涉及城市社会生产和生活方方面面的关系，生态化改造的结果会影响到能源供应链上每个主体的利益。

为了达到能源供应链的生态化运行功能，也需要确定合理的能源供应结构，并制定相应的能源政策法规体系，这又涉及能源供应链的不同层次。可见，能源供应链的生态化改造是在一个复杂环境下的功能优化过程，它的复杂性来源于能源供应系统管理的综合性，这也决定了能源供应链生态化改造目标和约束条件的多样性。

（二）动态性

城市能源供应生态化改造是一个长期的过程。由于受到城市能源发展战略的变化和能源市场需求变化的影响，能源供应链上的节点能源企业需要动态的更新，或者采用新的能源生产技术，甚至某些已经不再适应城市经济和环境发展需要的能源供应链，会被绿色能源供应链所取代。这些都使城市能源供应链生态化不可能一劳永逸，需要从长远的角度对其实施改造。

另外，能源供应链会随着人类社会能源需求结构的日益变化而不断地发展和优化，反映在城市能源供应链生态化改造对策上就是需要制订短期、中期和远期的能源规划，各个阶段之间要形成紧密的过渡衔接关系，尽量避免出现暂时性的能源需求缺口。

（三）交叉性

能源供应链中的节点企业可以是一种能源供应链的成员，同时也可以是另一种能源供应链的成员，能源需求者也可以选择不同的能源供应链条满足自身的能源消耗，因此，一个地区在特定时期会出现多个能源供应链形成的交叉结构。这种交叉结构为能源供应链上各节点之间进行合作、实施生态化改造提供了可能。

（四）整体性

城市能源供应链由能源生产、消费的各个环节和各种能源形态构成。每一个环节都存在由用户需求驱动的各种能流、信息流和资金流，能源系统要素间的功能耦合网络关系也要得到进一步改善。城市能源供应链的生态化已不再是单纯生物学的含义，而是综合、整体的概念，蕴涵社会、经济、自然协调发展和整体生态化的意义。生态化改造必须兼顾社会、经济和环境三者的整体效益，不仅要重视能源消费与生态环境协调，更要注重能源供应链生态性整体上的提高。所以，对城市能源供应链的生态化改造需要从城市国民经济的发展规划、人口增长、生活水平、价格政策、技术发展、环境保护和生态平衡等各个方面综合考虑和统筹规划，生态化改造后的能源供应链整体上能同社会、自然和谐发展。

二 城市能源生态化供应的标准

生态化即人类社会面对环境污染、生态危机所做的定向改变，这种定向改变是模拟自然生态系统的闭环循环、与周围环境协调一致的运行模式。城市能源供应生态化要合理、充分、节约地利用能源，把能源生产和消费过程纳入城市生态系统中，运用现代生态化能源技术重组能源结构，把能源开发利用活动对自然资源的消耗和环境的影响置于城市生态系统中的物质、能源的总交换过程中，实现能源供应系统的良性循环与持续发展。

能源生态化供应链是参照生态系统的循环原理而建立起来的相当于生态系统的“生产者、消费者、还原者”的能源系统生态循环链，以低消耗、低（或无）污染和能源供应链发展与生态环境协调为目标的能源供应系统。因此，应该把生态环境优化发展的重要内容，作为衡量能源供应链发展的质量、水平和程度的基本标志之一，纳入能源供应系统的发展过程中，按照生态控制论原理去辨识、调控和优化能源系统的结构、功能与过程。生态经济学认为生态系统应该具有动态平衡性、自组织性和有序性，如果生态系统出现失衡等异常状态，在这些性质上就会表现得非常突出。生态化的能源供应链要实现同城市生态的协调发展，本身必须达到这些标准，以保证能源供应链生态化的有效性。

（一）动态平衡

能源供应链同外部环境之间、各个子系统之间及子系统内部的要素之间不停地进行着物质、能量和信息等的输入输出交换，输入输出的目的是使能源系统趋于平衡，输出输入过程是能源系统运动的过程，这种运动的过程使能源系统保持稳定状态。这种输出输入有时在量上并不相当，但总体上保持了结构上的相对稳态（平衡）。这种平衡态只有能源系统与环境进行物质和能量交换才能维持其生命力，所以能源供应链是一个动态开放系统。生态化改造要让能源供应链的物质和能量不断循环转化，物质循环一旦停止，能量一旦停止流动，能源系统就失去了稳态，也就谈不上平衡。

生态化改造后的能源供应链应该具有有利于可持续发展的能源结构，即能源的消费结构和能源的供应结构必须要满足能源供应链上的绿色能源供需平衡。在外部环境发生变化的条件下，即便是能源供应链上发生一时的能源供应短缺或者是能源供应过剩，能源供应链也能够及时调整和优化能源结构以保持系统的动态平衡。这个过程可以是根据已知的未来能源需求量，来评价目前的供应量和未来的生产量及供应来源，如果目前的能源产能不足，就必须结合绿色能源技术，增加新的能源生产能力；也可以是由于能源资源限制或者其他困难，不能充分供应未来的需要，就必须通过能源需求管理来缩小预期的缺口。当然也可以是两种调整方式一起进行，分别调节需求和供应结构。

（二）自组织性

城市能源生态化供应的自组织性的主要表现如下所述。

第一，生态系统具有自净能力。与此相类似，生态化的城市能源供应系统中存在能源副产品和废弃物分解处理的主体，能源供应链上的主体所产生的副产品和废弃物可以再次循环到供应链的环节和其他资源利用的过程中，能源供应链本身就具有实现城市能源的无害化开发利用的功能。

第二，城市能源开发利用的各个主体按照能源的开发到最终使用的整个过程形成一个能源供应网络结构，能源的流动不再是简单的线性形态，而是可以形成循环利用的各种回路，城市能源供应链的组织结构不断地趋向合理。

第三，生态化的城市能源供应链能够针对城市能源供需所发生的变化自动作出调整，能源供应链上的主体能够主动选择环境友好的能源，形成能源系统内的自我约束机制，同时能源供应链具备主体筛选机制，合理淘汰不符合生态化标准的能源供应主体，以使能源的开发利用对城市环境的影响最小。

（三）有序性

生态系统的发展过程是一种从低级走向高级的信息积累或自优化过程。构成城市生态化能源系统的各种成分，在一定的范围内也应该处于有序状态。这种时间上的相对有序稳定状态，反映在城市能源供应系统上，就是生态化的能源供应链可以随着城市能源供需情况的变化不断优化调整，分别呈现同城市生态环境和谐发展的短期、中期乃至长期的连续发展状态。城市在每一个时期的能源发展模式都为后期的能源生态化提供基础，城市能源供应系统按照这种有序发展的模式，一直达到城市能源供应系统可持续发展的状态。这样从整体上来看，生态化的城市能源供应链应该表现出发展模式上的有序性，随着城市经济的发展，城市能源供应链与城市生态系统之间的协调性会越来越高。

第二节　城市能源生态化供应层次结构模型的构建

能源系统是指满足作为经济因素的能源需求的技术及经济结构。换句话说，一次能源从开发（开采）到用户使用，中间还要经过运输、储存、加工、转换、分配等种种环节，而从开发经中间环节到使用的整个过程的技术和经济结构就形成了能源系统。能源在供应的各个环节有不同的类型和工艺可供选择，不同的方案在资源利用、环境影响和经济效益等方面存在着差异，同时，能源在开采、转换和利用过程中又存在可相互替代的特点。原有的能源系统优化模型大都以合理分配、规划能源为主要目的，并未将生态思想和措施应用于其中。实际上，对城市能源供应系统实施生态化改造，比如实施 3R 规划、节能、能源替代、发展可再生能源和清洁能源、研发和应用绿色能源技术等，都可以为城市带来环境治理收益和经济收益。

一 城市能源生态化供应层次结构模型的作用

第一，城市能源生态化供应层次结构模型可以对庞大复杂的能源供应系统进行生态化改造的研究和试验。能源供应系统具有复杂特性，其中的能源供应转换关系经常交织在一起，并且能源供应链涉及多方主体的利益关系，使得对其的生态化改造需要考虑较多诸如社会、经济、技术和政治上的因素。通过建立城市能源生态化供应层次结构模型，综合反映这些主要影响因素彼此之间的本质关系，分析能源供应链在生态化改造之后的结构和运行性能，经过高度简化分析，形象直观地给出城市能源生态化供应的结构框架，在定性分析的基础之上结合能源数量模型的计算结果，可以作为能源供应链生态化改造的理论依托。

第二，城市能源生态化供应层次结构模型比现实能源供应系统容易操作和控制，特别是在对能源供应链进行生态化改造控制时，层次结构模型的变化比现实能源系统的变化更易于观察。由于能源供应链的动态特性，通过层次结构模型可以较好地进行动态分析，不断改进以寻求更符合能源供应链生态化规律的模型。通过基于城市能源生态化供应层次结构模型的研究可以较快获得能源系统变化的结果，也可以通过灵敏度分析，研究多因素变动对能源系统的影响。

第三，城市能源生态化供应层次结构模型可以指导传统能源供应链的生态化改造或者建立现实绿色能源供应链的实践活动。城市能源生态化供应层次结构模型是在系统分析能源供应链的一般规律并在结合循环经济原则的基础之上建立起来的，它能提供对能源供应链生态化改造的系统思路和结构框架，模型定性分析的结果可以作为能源供应链生态化改造实践的依据之一。

第四，城市能源生态化供应层次结构模型可以有效地预测实际能源系统的未来发展趋势，为能源结构调整和可再生能源的远期发展战略提供决策的基础，能够将影响能源未来发展的各种主要因素形象地描述出来，可以作为能源供应链数量预测模型的定性化补充，保证能源系统决策的科学合理性。

二 构建层次结构模型的基础分析

能源供应层次结构模型是以实现上述作用为目标，在分析地方能源系统网络流程图的基础上，结合城市能源生态化供应系统中将会面临的生态环境问题而构建的。

（一）能源系统网络流程图的建立

能源供应链的生态化改造离不开对供应主体的具体情况的了解，在能源系统分析中，作为分析基础而普遍使用的是能源系统能流结构网络图。它将一个国家、地区、部门或者企业内的各种能源从开采到最终使用的整个过程按技术工艺特点划分为若干个基本环节，描述在这些环节上的物料流和能流的变化情况。能流结构网络图上的基本环节有：资源、开采与收集、加工精炼、运输和分配、集中转换、传输、分配与分散转换、用能设施、最终用户或用途、消费部门。依照实际的能源流动方向，从左到右把上述各个环节内的所有能流过程用有向线段加以表示，并通过节点相互连接，形成网络，即得到实际能源系统的能流结构网络图（图 3-1）。图上连线代表相对应的实际过程，连线的箭头表示实物或者能量的转移方向，节点为过程间的相互接口。

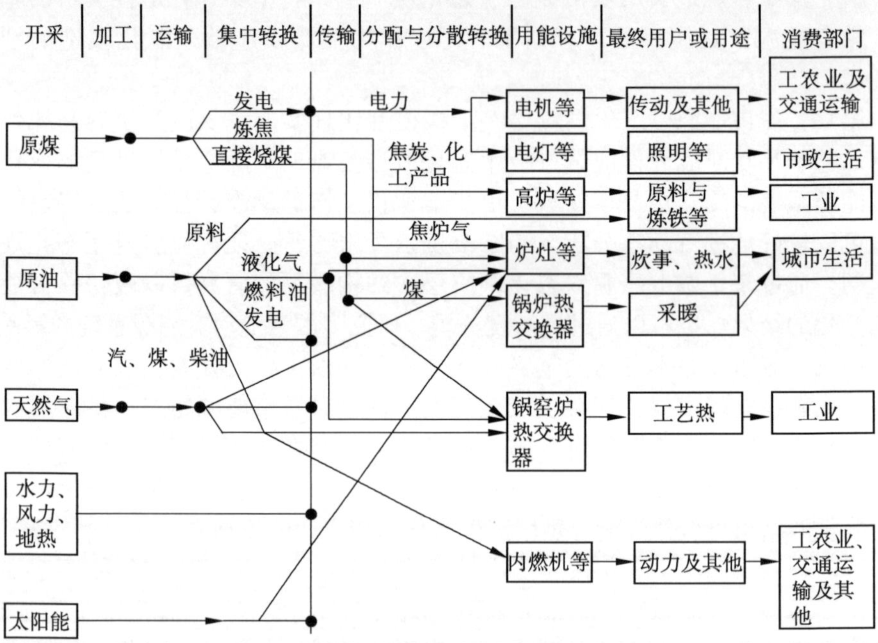

图 3-1　地区能源系统能流结构网络图

从能流结构网络图不但能看出能源的构成及能源从生产转换到终端使用的各环节的工艺特点及效率，更重要的是，它还是一个国家、地区、部门或企业能源规划的有力工具，同时能流结构网络图也是建立能源系统模型和构造能源数据库的有用依据。

（二）城市能源供应链系统中的生态环境问题

1. 能源结构优化问题

我国的能源发展突出表现为两大结构性问题。一是能源供需品种结构问题，即随着工业化中期的到来和人均收入水平的提高，未来 20～30 年中国能源消费在数量倍增的同时，对洁净优质能源的需求也将迅速增长，与之相对应的是优质能源供应不足和以煤为主的一次能源生产结构及能源消费结构。在下大力气调整能源结构的前提下，到 2020 年煤炭在我国能源消费结构中的比重也将达 55％以上，需消费煤炭 20 多亿吨。以煤为主的能源结构不仅使得环境污染严重，而且热能利用效率低，造成能源的浪费。气体燃料，主要指天然气、煤层气和属于可再生能源的垃圾掩埋气等，它们的热能利用效率高，环境污染小，而且使用方便，是理想的能源燃料。其中，2004 年中国一次能源消费结构中，天然气占 2.5％。而同年世界一次能源消费结构中，天然气占 23.8％。据国家有关部门的规划，未来 15 年我国的能源消费结构将会有较大改变，天然气在一次能源消费中的比例将会从 2005 年的 2.7％上升到 8％，2015 年产量将提高到 1200 亿立方米。二是结构性污染问题，即由燃料结构引起的煤烟型污染和主要由电力、建材、钢铁、化工行业所主导的结构性污染占整个大气污染的 70％左右，以二氧化硫和烟尘为主的燃煤污染日益加重。

2. 绿色能源技术的选择问题

首先是能源供应链中绿色能源技术采用环节的选择问题。从地区能源系统能流结构网络图中可以看出能源供应链涵盖了能源的开采、加工、运输、转换、分配和使用的全过程，能源供应链的生态化改造离不开对这些过程的整体考虑，在每一个能源供应的环节都有相应的绿色能源技术可供采用，绿色能源技术的发展和应用在提高生产效率或者优化产品效果的同时，能够提高能源供应链上资源和能源的利用效率，减轻污染负荷，改善环境质量。但是在能源供应链的生态化改造决策中，不同的决策主体面临的环境问题、地区能源特点不尽相同，这样就需要决策主体确定自身的能源供应链的可控范围，在这些可控的能源供应链条上根据地区的实际情况和生态环境污染程度，选择对环境影响最为突出的供应链环节。

其次是能源供应链中绿色能源技术的选择问题，在选定生态化改造环节的前提下，这些环节中可采取的绿色能源技术数量众多，同时绿色能源技术本身也在不断地发展完善，绿色技术改进往往会引发多种效应，如环境效应、经济效应、社会效应等，产生的综合影响是复杂的；另外，在一个环节上选择的技术所产生的环境影响可能延伸到其他的能源供应环节上，能源供应链的级联关系使得绿色能源技术的选择成为一个复杂的问题。所以必须经过系统的分析，根据地区自身的特点和外部的环境选择合理可行的绿色能源技术。

3. 能源节约利用的效果问题

能源的节约利用是减量化原则在能源供应链生态化改造中的体现，即从能源生产开始，一直到最终消费为止，在能源供应的各个环节上都要减少损失和浪费，提高能源的利用效率，在环境和社会经济承受能力的基础之上，以最少的能耗取得最大的经济效益。节能可以减少污染物的排放量，减轻环境的热污染，也可以促进对环境污染的治理。但是我国能源终端利用效率仅为33%，比发达国家低10个百分点，单位产值能耗也高于发达国家。而任何能源的节约都有一个界限，超出这个界限就会得不偿失，使整个社会的收益开始下降。简而言之，就是当能源节约所产生的边际效益大于为节能附加投入的边际成本与降低能源消费的边际损失之和时，能源供应链的能源节约效果才是可以接受的。在这个前提下，有必要充分分析现有能源供应链上的节能潜力，衡量能源供应链生态化改造中能源利用率的提高幅度，以及由此带来的社会、经济和环境效益。这样可以避免能源供应链生态化改造中由于单方面追求环境最优而出现的盲目性。

4. 能源循环利用的效果问题

循环经济的再利用原则和再循环原则体现在能源供应链的生态化改造中就是能源的循环利用。能源的循环利用包括能源的梯级循环利用，也包括能源在供应系统中的各个环节上产生的副产品或者是废弃物的循环利用。对能源的循环利用可以减少能源供应过程中的环境污染，延伸能源供应链的价值创造过程，提高地区生态系统的物质转化与能量利用的生态效率。城市能源生态化改造后各种功能的发挥有赖于能源供应链具有良好的循环性，使得供应链上各要素互相联系、互相作用、互相促进，各种物流、能流、信息流得以顺畅运行，使能源供应链在良好的循环状态下满足地区生产和生活需求，从而实现地区能源系统的生态化持续进行。城市能源生态化供应链通过循环再利用，使物质能量充分流动，保持能源供应的高效性。城市能源生态化供应链区别于传统能源供应链的一个主要特征是它的高效性，而高效性离不开能源的循环性，所以能源循环再利用的效果是衡量城市能源生态化供应链运行效率的一个重要方面。

5. 能源政策体系的建立问题

能源供应链的生态化改造是一个系统的工程，需要一个地区形成统一的能源生态化供应政策体系。目前，我国的能源资源、建设、市场、技术政策分别由国家发改委、工信部、住建部、科技部和国土资源部等多个部委领导，国家缺乏协调一致的能源政策体系，各个地方的能源政策不仅缺乏指导，而且能源领域的一些共性问题（如天然气定价和供应政策）也得不到及时的解决。各个地方政府更多的是采用行政手段干预能源供应和利用，忽略了其他有效能源政策手段。

因此，有必要建立统一的以市场竞争为基础的能源政策体系，在能源供应链的生态化改造过程中尽可能使用符合市场经济规律的管理手段，能源政策范围能够涵盖能源供应链生态化改造的主要方面，政策之间彼此协调一致，为实现能源供应的生态化目标提供政策保证。

三 城市能源生态化供应层次结构模型的建立

能源供应的生态化改造反映在模型之中可以用系统的城市能源生态化供应层次结构模型来说明。城市能源生态化供应层次结构模型结合了整体能源供应链上的所有主体及同能源供应生态化密切相关的部门，立足于城市能源供应的实际，尽量表达出现有的能源供应系统可以实现能源供应生态化的重点环节，充分反映能源供应链生态化改造中的3R原则的要求。

（一）层次结构模型的建立方法

子系统和层次分析是描述复杂系统结构的两个重要工具。划分子系统并且确定子系统之间的关联方式是刻画系统结构的重要方法。复杂系统可以而且需要从不同角度或者按不同标准划分子系统，同时系统论认为等级层次结构是复杂系统最合理或者最优的组织方式。

在系统的层次结构中，不同层次上的子系统在功能、作用、地位等方面存在差别。构建城市能源生态化供应层次结构模型就是为了反映能源供应链生态化改造的本质关系，体现出能源系统的整体特性。能源供应系统的复杂性和动态性等特性，使得对于这个复杂系统的研究需要采用子系统和层次划分的方法，建立一个层次集结模型系统，该层次模型系统由若干个子模型按照系统构成规律有机地组成，通过采用层次分析方法，最终以系统整体的总目标协调模型系统各个子模型的功能和目标，确保能源系统整体生态化目标的实现。

在能源复杂系统中存在较低级的系统质和较高级的系统质的差别，这对能源系统结构有着重要的影响。能源供应这个复杂系统由元素质到系统质的变化过程需要一系列的中间质变阶段，每发生一次质变就形成一个层次，一直形成能源供应系统的整体层次。低级层次服从，支撑高级层次，各个阶梯逐级上升，并且能源的梯级利用本身也体现了能源系统的层次结构。因此，采用层次分析的方法符合能源供应链系统的特点，可以建立一个层次结构模型系统。

（二）层次结构模型的建立

系统结构模型是一种描述系统各组成部分（要素）之间及系统与环境之间相互关系的模型，是概念模型到定量模型的中介，常用于分析社会、经济、环境、管理等方面的系统结构问题，为制订系统规划提供科学依据。城市能源生态化供应链作为一个复杂的系统，在解决生态化改造过程中所遇到的各种问题时，采用系统分析的方法可以保证分析解决问题的科学合理性。

针对上述提出的五个方面的现实问题，可以将其总结归纳为一个系统层次结构模型，其中形成五个子模型问题，在确定这些子模型问题彼此关系的基础上，构造系统子模型。为了保证子模型之间的协调统一性，达到能源供应链的生态化改造目标，按照这些子模型的特点和彼此之间的关系进行归纳，排出若干层次关系，这样就可以建立一个由各个子模型构成的层次结构集结模型。总结前面提出的五个问题，可以将城市能源生态化供应链系统分为：结构基础层、技术层、政策控制层、运行层、约束条件层、目标层。城市能源生态化供应层次结构模型如图 3-2 所示。

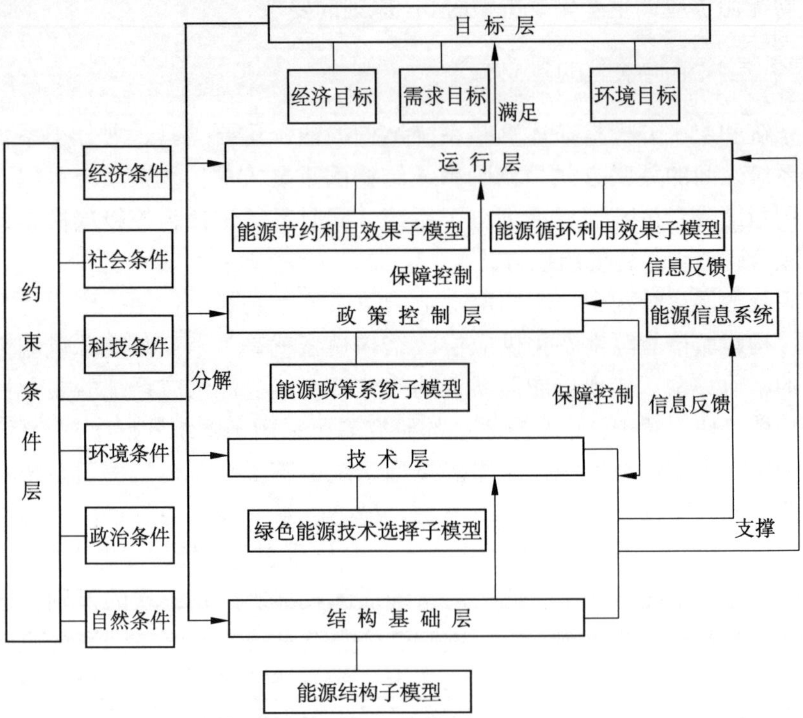

图 3-2　城市能源生态化供应层次结构模型

（三）层次结构模型的运行机理分析

城市能源生态化供应层次结构模型的结构基础层、技术层、政策控制层和运行层是能源供应链生态化改造方案形成的主要层次。每个层次上的子模型都是城市能源生态化供应链系统的关键因素，能源供应链生态化改造中遇到的大多数问题可以通过分析这些子模型得到定性结果，再结合能源数量模型计算出来的定量结果，经过综合分析作出科学决策。

结构基础层主要通过分析影响地区能源结构的各个要素（这些要素彼此之间的关系对地区能源结构的确定起到非常重要的作用），分析要素之间的本质关系，描述出能源结构确定过程中需要遵循的逻辑思维框架，形象直观地指导能源供应链的生态化改造实践活动。在能源结构子模型定性分析结果的基础上可以进行绿色能源技术的选择，这是技术层次上绿色能源技术选择子模型所解决的主要问题，该子模型需要结构基础层的分析结果，根据地区能源结构的具体情况确定出可以实施绿色能源技术改造的能源供应链环节，再根据地区的约束条件选择这些环节可以采用的绿色能源技术。

在结构基础层、技术层分析结果的基础之上，决策主体应该建立相应的政策体系，为这些层次正常有序的进行提供保障。当这些层次的分析结果发生变化时，这个政策体系也必须随之进行调整，保持政策控制层同其他各层的协调统一性，使地区的能源供应链生态化改造政策建立在对能源系统全面分析的基础之上，实现决策的科学化和系统化。

由于采用了科学合理的绿色能源技术，因此，能源供应链在运行的过程中就会表现出生态化的特征。层次结构模型中的运行层就是能源供应链生态化改造后循环经济 3R 原则的体现，其中，能源节约利用效果的子模型反映的是衡量减量化原则在能源供应链上对系统生态化贡献程度的问题，能源循环利用程度的子模型则分析了再利用原则和再循环原则在能源供应链生态化改造中的目标贡献程度。可以说，城市能源生态化供应链的生态特征就集中反映在这一层次上，它也是能源供应链生态化改造中需要重点关注的层次。

层次结构模型通过能源供应链上各个层次之间的联系将每一个子模型统一起来，目标层和约束条件层都可以分解到其他的层次上，各个子模型在求解的过程中必须要满足分解下来的子目标和子约束条件。政策控制层在整个层次结构中处于非常重要的核心地位，这一层次分别对结构基础层、技术层和运行层起到保障控制作用，能源信息系统负责收集这三个层次上的信息，为政策制定和调整提供客观数据。政策控制层体现了政府在能源供应链的生态化改造中的关键作用，它可以协调不同层次之间的矛盾冲突，确保所有层次上子模型的运行结果符合能源供应链生态化改造的目标。

结构基础层包含的内容主要有能源结构、能源供应链主体结构、能源基础设施等。在能源供应链生态化改造中能源结构的优化是这一层次上最为关键的问题。绿色能源结构子模型可以为解决能源结构优化问题提供结果。技术层主要包括绿色能源技术的研发、绿色能源技术的选择、绿色能源技术的效果分析等。

绿色能源技术子模型在结构基础层上的能源结构子模型分析结果的基础上，提出符合地区能源结构特点的绿色能源层上的表现是能源供应链生态化改造效果的体现，能源节约利用效果子模型和能源循环利用效果子模型则反映了能源供应链生态化改造效果。

第三节　测度指标体系设计原则与思路

城市能源生态化供应是一项庞大的系统工程，需要全面制订可持续发展规划并加以实施，制定相关的政策和法规加以引导，同时需要各方面、各环节的积极协调与配合。为了实现上述目标，就必须制定出体现能源生态化供应思想的指标体系，以便为城市能源供应决策提供可靠的依据，使城市能源生态化供应不断趋于科学合理（邱东，2002）。

一 设计原则

城市能源生态化供应指标体系的功能主要有三个方面：一是描述和反映任何一个时间点（或时期内）城市能源供应各方面发展的水平或状况；二是评价和监测一定时期内城市能源供应各方面生态化发展的趋势及速度；三是综合衡量城市能源供应的各领域之间的协调程度，以便政府确定城市能源生态化供应进程中的优先顺序，同时给决策者了解城市能源供应情况提供有效的信息工具。

按照上述分析，城市能源生态化供应评价指标体系的设计原则主要如下。

（一）系统性原则

城市能源生态化供应评价指标体系的设计要反映城市能源供应的整个过程，满足城市能源生态化供应管理的基本要求，避免只从某一方面衡量能源供应的生态效果。同时因指标数量有限，指标体系应当具有尽可能大的集成度。

（二）动态性原则

城市能源生态化供应是一个不断发展进化的过程，城市的能源供应在城市不同时期所造成的环境影响不同。城市能源生态化供应评价指标体系应能准确及时地反映出这种影响所产生的城市环境、资源及生态状况的变化，能够显示出城市能源供应随时间变化的趋势。

（三）可操作性原则

只有条理清楚、层次分明、逻辑性强的评价指标体系才适于在城市能源生态化供应实践领域中推广应用。这就要求评价指标在量化、测算和分析综合等方面具有可行性和可操作性。因此，指标设计必须简明、易于理解，指标的实际开发过程必须同已有的城市能源政策目标和城市实际能流过程相符合。同时，各级指标的设置必须能够满足城市能源生态化供应方案评选的要求，便于采用数学评价模型的计算。

（四）生态化原则

生态价值量指标是城市能源生态化供应评价指标体系的核心内容，应该在指标体系中突出它的地位，并围绕现代生态管理的减量化原则、再循环原则和再利用原则设置配套的相应指标。

二 设计思路

通过总结我国若干城市的能源供应现状，分析城市能源供应系统中的主要因素和主要关系，从城市能源供应中的减量化、再循环和再利用指导原则出发，综合考虑城市能源供应过程中节能、能源替代、污染控制和副产品的深加工等问题，主要可以从城市能源供应的生态效益和经济效益两个方面设立指标。具体的设计思路如下。

（一）设计三级指标体系

分析我国典型城市能源供应的问题参照发达国家城市能源生态化供应的模式，确定城市能源供应的生态效益和城市能源供应的经济效益为指标体系的两个一级指标，按照生态化的标准和能源供应的经济规律选定二级评价指标集，在每一个二级指标下再设计若干三级指标。三级指标必须具有可操作性，便于赋值（黄德中，2003）。

本过程需要对遴选出的指标全集进行样本的初测，进行信度与效度分析，剔除对评价结果没有显著影响的指标，精简指标体系，确定最终的分级指标与指标树。

（二）确定评价方法

确定评价方法是建立和实施指标体系的关键步骤，结合层次分析法（AHP法）与模糊综合评判法可以确定各个分级指标的评价方法，为生成评价信息系统提供算法。此步骤的功能为设计各个分级指标的权重集与评分办法，建立算法公式。

（三）评价指标检验

通过收集典型城市的能源供应数据，给城市能源生态化供应指标评价体系赋值，检验指标体系及算法的有效性。

具体的三级指标框架见图 3-3。

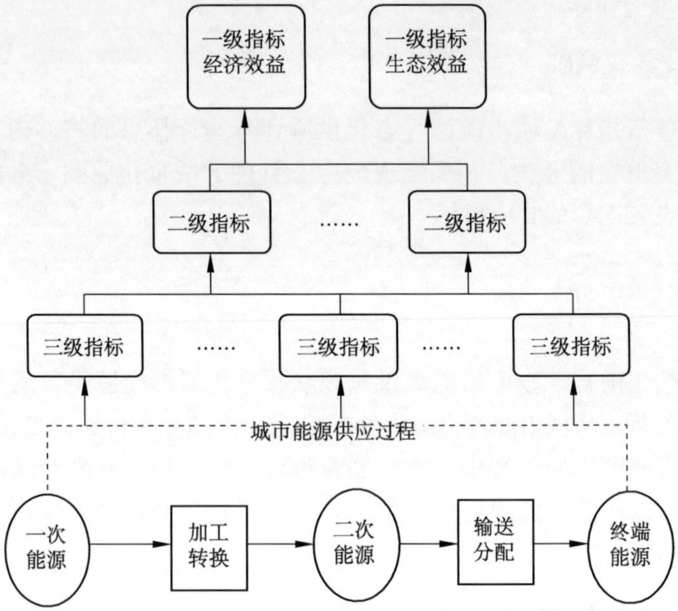

图 3-3　城市能源生态化供应指标评价体系

第四节　测度指标分类与指标体系

城市能源生态化供应过程可以由能源供应的生态效益指标和能源供应的经济效益指标衡量。能源供应的生态效益指标主要按照循环经济 3R 原则的要求来设置，经济效益指标按照城市能源供应的内在经济规律设置。

从指标的评价角度分类，可以将城市能源生态化供应评价指标分为描述性指标和评价性指标。

描述性指标具体反映城市能源生态化供应的状况。例如，某种能源供应所产生的废弃物总量等，这种指标具有元素性、基础性。每个描述性指标往往都有着不同的计量单位，因此不能简单地相加以综合反映某一层次或某一方面的情况。

评价性指标的目的是对城市能源生态化供应过程的各个方面、各个层次的指标进行综合、汇总，最终能形成一个总指标，借以反映城市能源生态化供应过程各领域、各层次及总体的趋势变化动态。

评价指标多数来自描述性指标，也有一些是派生指标。为实现评价指标的汇总目的，对每个指标进行无量纲化处理，最后予以汇总。

由于每个指标在指标体系中的地位、作用并不完全相同，故采用权数给予调整。权数主要是通过征求专家的意见加以确定。

（一）能源结构优化指标

生态化的城市能源供应要求形成多样化能源结构，特别是提高经济优质绿色能源对传统能源的替代水平。因此，能源结构优化指标主要反映城市对绿色清洁能源，如可再生能源的供应水平，以及未来应对能源危机的可再生能源供应能力。同时可以衡量出城市能源的供应比例结构是否能够满足城市经济生活需要和生态可持续发展的要求。

（二）能源供应减量化指标

减量化原则要求城市能源供应在开采、运输、加工、转换的各个环节上都要减少损失和浪费，在满足城市能源基本需求的基础之上，以最少的供应能耗取得最大的经济效益。能源供应减量化指标主要反映能源的供应效率，以及采用节能技术的效果等。

（三）能源供应再循环指标

减量化原则要求城市能源的生产供应要多个企业、多个产业部门形成合理生产组合，通过多层次不同品位能源的梯级利用系统，达到更高能源利用率与排放标准的目标。因此，能源供应再循环指标可以通过能源供应过程中能源重复利用的频度，以及在能源回收利用工程中对能源综合利用的程度反映出来。

（四）能源供应再利用指标

再循环原则要求城市能源供应过程中的每个环节所产生的副产品和废弃物必须进入资源的再次循环利用中。能源供应再利用指标可以反映城市能源供应的能源循环利用水平，能够衡量能源供应过程中各要素之间相互联系、互相作用、互相促进的程度，以及能源供应过程中价值创造的延伸深度。

（五）能源供应经济效益指标

城市能源供应必然要考虑如何实现经济效益的问题，对城市能源供应的生态化改造必须同时考虑经济效益，应该将生态效益和经济效益结合起来。能源供应经济效益指标应该反映城市能源供应的投入产出比率，能够衡量出能源供应的经济性。

详细的指标分类情况如表 3-1 所示。

表 3-1　指标分类情况

一级指标名称	二级指标名称	三级指标						
		三级指标名称	三级指标说明	三级指标评价标准				
				5	4	3	2	1
城市能源生态化供应水平	城市能源结构优化水平	城市绿色能源供应水平	采用城市绿色能源供应量占能源供应总量的比率 R_s 来衡量 $$R_s = \frac{\sum_{j=1}^{m} S_{gj}}{\sum_{i=1}^{n} S_i} \times 100\%$$ 式中，S_{gj} 为城市绿色能源供应总量（万吨标准煤）；m 为可供应的城市绿色能源种类总数；S_i 为城市能源供应总量（万吨标准煤）；n 为可供应的城市能源种类总数	$10\% < R_s \leqslant 8\%$	$6\% < R_s \leqslant 8\%$	$4\% < R_s \leqslant 6\%$	$2\% < R_s \leqslant 4\%$	$0 < R_s \leqslant 2\%$
		城市绿色能源供应经济性	单位供能成本比 R_c $$R_c = \frac{C_g}{C_f}$$ 式中，C_g 为绿色能源单位供能成本（元 / 吨标准煤）；C_f 非绿色能源单位供能成本（元 / 吨标准煤）	$R_c < 1$		$R_c = 1$		$R_c > 1$
		城市天然气供应情况	城市是否能够充分供应天然气	是				否
		城市气化率	R_q 反映城市对燃气的供应水平	$90\% < R_q \leqslant 100\%$	$70\% < R_q \leqslant 90\%$	$60\% < R_q \leqslant 70\%$	$50\% < R_q \leqslant 60\%$	$40\% < R_q \leqslant 50\%$

续表

一级指标名称	二级指标名称	三级指标						
		三级指标名称	三级指标说明	三级指标评价标准				
				5	4	3	2	1
城市能源生态化供应水平	城市能源结构优化水平	城市可再生能源开发程度	R_r=可再生能源生产能力/可再生能源可开发量×100%	$60\% < R_r \leqslant 80\%$	$50\% < R_r \leqslant 60\%$	$40\% < R_r \leqslant 50\%$	$30\% < R_r \leqslant 40\%$	$5\% < R_r \leqslant 30\%$
		城市能源供应设备生态化改造情况	是否对城市能源供应设备生态化改造进行资金投入	是				否
		绿色能源供应投资相对回报率水平	绿色能源供应投资相对回报率水平 L_r $L_r = \frac{R_{gI}}{R_{fI}}$ 式中，R_{gI} 为绿色能源供应投资回报率；R_{fI} 为非绿色能源供应投资回报率	$L_r > 1$		$L_r = 1$		$L_r < 1$
		绿色能源技术的利用水平	$U_g = \frac{\sum_{k=1}^{h} T_{gk}}{\sum_{k=1}^{h} T_k}$ 式中，T_{gk} 为第 k 个能源供应环节所采用的绿色能源技术个数；T_k 为第 k 个能源供应环节所采用的能源技术个数	$90\% < U_g \leqslant 100\%$	$70\% < U_g \leqslant 90\%$	$50\% < U_g \leqslant 70\%$	$30\% < U_g \leqslant 50\%$	$20\% < U_g \leqslant 30\%$
		绿色能源供应支持政策情况	是否制定有关城市能源生态化供应的政策法规制度	是				否

续表

一级指标名称	二级指标名称	三级指标名称	三级指标说明	三级指标评价标准 5	4	3	2	1
城市能源生态化供应水平	城市能源结构优化水平	城市能源供应对环境损失的变化度	反映城市能源供应对环境造成的损失的变化趋势 $R_d = D_t/D_0$ $D = \sum_{i=1}^{n} E_i(1-T_i)W_i$ 式中，E_i 为城市供应的第 i 种能源每年所产生的废弃物(万吨 / 年)；T_i 为对城市供应的第 i 种能源所产生的废弃物的年处理率；W_i 为城市供应的第 i 种能源所产生的废弃物的单位治理成本；D_0 为城市基年的环境损失；D_t 为城市评价年份的环境损失	$R_d < 1$		$R_d = 1$		$R_d > 1$
	城市能源减量化供应水平	节能率	节能率 R_e 为加工转换中的能源节约水平	$8\% < R_e \leqslant 10\%$	$6\% < R_e \leqslant 8\%$	$4\% < R_e \leqslant 6\%$	$2\% < R_e \leqslant 4\%$	$0 < R_e \leqslant 2\%$
		单位 GDP 能耗	E_c = 单位 GDP 能耗(万吨标准煤 / 万元)	$0.40 < E_c \leqslant 0.60$	$0.60 < E_c \leqslant 0.80$	$0.80 < E_c \leqslant 1.0$	$1.0 < E_c \leqslant 1.5$	$1.5 < E_c \leqslant 2$
		能源综合利用率	R_a，世界最好水平为 40%	$30\% < R_a \leqslant 40\%$	$20\% < R_a \leqslant 30\%$	$10\% < R_a \leqslant 20\%$	$5\% < R_a \leqslant 10\%$	$0 < R_a \leqslant 5\%$
	城市能源再利用供应水平	集中供热率	R_{sh} = 集中供热面积 / 总供热面积 × 100%	$90\% < R_{sh} \leqslant 100\%$	$70\% < R_{sh} \leqslant 90\%$	$50\% < R_{sh} \leqslant 70\%$	$30\% < R_{sh} \leqslant 50\%$	$20\% < R_{sh} \leqslant 30\%$
	城市能源再循环供应水平	能源副产品再循环水平	能源副产品再循环水平 R_x = 能源供应产生废水、废气、废弃物处理量 / 能源供应产生废水、废气、废弃物总量	$90\% < R_x \leqslant 100\%$	$70\% < R_x \leqslant 90\%$	$50\% < R_x \leqslant 70\%$	$30\% < R_x \leqslant 50\%$	$20\% < R_x \leqslant 30\%$
		生活垃圾资源化率	R_g = 生活垃圾资源化处理量 / 生活垃圾总量 × 100%	$60\% < R_g \leqslant 70\%$	$50\% < R_g \leqslant 60\%$	$40\% < R_g \leqslant 50\%$	$30\% < R_g \leqslant 40\%$	$0 < R_g \leqslant 30\%$

第五节　指标评价方法

根据已建立的城市能源生态化供应的评价指标集，确定各个指标对于系统总目标的影响程度，也就是说，要得到与城市能源生态化供应过程相关的各个环节的执行情况，以测度该环节的完成和实施情况，从而提供一个反映城市能源生态化供应生态效果及经济效益的直观的、定量的评价值，使有关部门能够及时准确地获得城市能源生态化供应的信息，并作出相应的反应。

为了完成对城市能源生态化供应的评价，需要得到各指标的量化值及各级指标对上一级指标或者总目标的重要程度，即权重值（李存斌，1997）。为此，本部分运用模糊评价方法，采取量化评分的方法得到具体指标的评判值；并采用专家调查法和 AHP 法来确定各级指标的权重（赵焕臣等，1986）。

一 确定评价指标的权重

（一）建立层次分析模型

具体操作时，首先建立与综合评价模型相一致的层次分析模型，利用作用线表明上下层之间的隶属关系，下层指标是对上层指标的具体说明，其 A 层、B 层、C 层分别为层次分析的目标层、准则层、指标层，如图 3-4 所示。

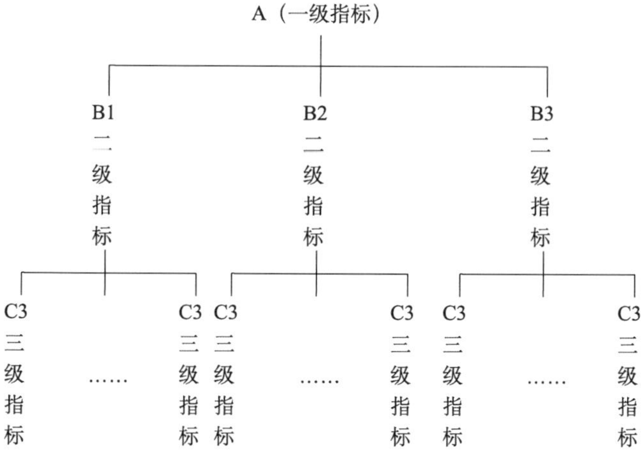

图 3-4　三级指标结构图

（二）构造判断矩阵

采用两两指标比较的方法进行计算。首先构造两两比较判断矩阵 D。

例如，选用七标度法：

$$d_{ij}=\begin{cases}1\text{，}i\text{ 与 }j\text{ 同样重要；}\\3\text{，}i\text{ 比 }j\text{ 稍微重要；}\\5\text{，}i\text{ 比 }j\text{ 明显重要；}\\7\text{，}i\text{ 比 }j\text{ 强烈重要；}\\9\text{，}i\text{ 比 }j\text{ 极端重要；}\\2\text{，}4\text{，}6\text{，}8\text{ 上述两相邻判断的中间情况；}\\\text{倒数，后者比前者重要，}d_{ij}\text{ 与 }d_{ji}\text{ 互为倒数。}\end{cases}$$

据此可以得出判断矩阵

$$D=\begin{bmatrix}d_{11} & d_{12} & \cdots & d_{1n}\\d_{21} & d_{22} & \cdots & d_{2n}\\\vdots & \vdots & & \vdots\\d_{n1} & d_{n2} & \cdots & d_{nn}\end{bmatrix} \tag{3-1}$$

式中，n 为待评价指标数。

（三）计算权重集 W

对专家 i 的判断矩阵用方根法进行归一化处理并进行一致性检验，得到的向量 W_i 即为该专家对所有指标权重的判断值。

得出权重向量 $W_i=(w_1, w_2, \cdots, w_n)$，且 $\sum_{i=1}^{n} w_i=1$

将所有专家的权重向量汇总，可得出评价指标的权重矩阵 W。

$$W=\begin{bmatrix}W_{11} & W_{12} & \cdots & W_{1n}\\W_{21} & W_{22} & \cdots & W_{2n}\\\vdots & \vdots & & \vdots\\W_{m1} & W_{m2} & \cdots & W_{mn}\end{bmatrix} \tag{3-2}$$

式中，n 为指标数；m 为专家数。

为了判断矩阵中各专家所得权重的离散程度，故需计算各权重间的相似系数并由此组成相似系数矩阵。相似系数 R_{ij} 和相似矩阵 R 见式（3-3）、式（3-4）。

$$R_{ij}=1-\sqrt{\frac{1}{n}\sum_{k=1}^{n}(W_{ik}-W_{jk})^2} \tag{3-3}$$

$$R_{ij}=\begin{bmatrix} R_{11} & R_{12} & \cdots & R_{1m} \\ R_{21} & R_{22} & \cdots & R_{2m} \\ \vdots & \vdots & & \vdots \\ R_{m1} & R_{m2} & \cdots & R_{mm} \end{bmatrix} \tag{3-4}$$

式中，R_{ij}指专家i与专家j权重结果的相似程度，由式（3-3）可知，R_{ij}越小，则相似程度越小；n表示指标权重的维数，亦即所评价指标的个数；m表示专家意见的总数，即参加权重评估的专家总人数。显然，$R_{ij}=1$，$R_{ij}=R_{ji}$。

在剔除离异点集中离异程度大的权重时，本方法没有采用聚类分析经常用的、计算方法相当复杂的集聚方法（如直接聚类法、间接聚类法等），而是提出了一种简化的方法，它与现有的方法具有相同的精度，但计算简单，原理直观，更适合在实践领域内应用，即

$$P_i=\sum_{j=1}^{n} R_{ij} \tag{3-5}$$

$$P=(P_1, P_2, \cdots, P_n)^{\mathrm{T}} \tag{3-6}$$

式中，P_i为相似系数矩阵中每一行之和，它表示第i个专家判断所得出的权重意见与其他专家群体（包括专家本人）评估所得权重意见的偏离程度，相似系数之和越小，则此专家意见距离其他专家意见越“远”，偏离程度越大。P为相似系数对行求和形成的一列。

本研究的聚类分析则侧重于找出偏离专家群体综合意见程度最大的“离异”专家意见。最后用偏离程度的量化指标来衡量各个专家意见，通过式（3-7）确定偏离程度。也就是说，当D_i大于某一阈值时，这个意见应该被排除掉。

$$D_i=\frac{P_{\max}-P_i}{P_{\max}}\times 100\% \tag{3-7}$$

式中，D_i为第i个专家的相似系数与最大相似系数的偏离程度；$P_{\max}$为相似系数矩阵中的最大值。

对于应作为排除标准的D_i的大小，可根据经验或具体情况给出。

针对权重矩阵W，将大于某一阈值的专家所在行的向量值去掉，得到矩阵W'，对该矩阵各列求平均数，得到新的向量A，即各指标的权重向量。

$$A=(A_1, A_2, \cdots, A_n)$$

运用同样的方法即可得出同一个一级指标下所有二级指标的权重。

二 指标量化

指标体系的量化是项目评价的重要环节，也是进行综合评价的基础。为了操作方便，应用最下层指标逐层向上量化（李雪梅和李学伟，2004）。对于定量

指标，分别通过统计数据进行换算得到；对于定性指标，通过专家打分进行经验性处理得到。

（一）定量指标综合评价

对于能够直接量化的指标，取其量化值作为指标综合评价值。由于各指标的量纲不一致，因此需要进行无量纲处理。

为了使不同方案之间具有可比性，和各指标条目之间可以进行汇总，在量化计算中，需把含有不同量纲的指标值转化为某一区域的无量纲的评价值，一般选择将数量映射到［0，1］区间内。这里根据指标特点选择上限效果法、下限效果法和额定效果法对不同的指标进行无量纲化处理。

设 $[u_{ij}]$ 为第 i 条评价指标对第 j 个方案评价效果的测度值，这里所谓的效果测度值即为被评价方案的指标值。$[U_i]_{max}$ 为第 i 条评价指标对所有方案评价得出的最大效果测度值；$[U_i]_0$ 为第 i 条评价指标对所有方案评价得到的额定效果测度值；$[U_i]_{min}$ 为第 i 条评价指标对所有方案评价得到的最小测度值。

对于衡量其效果“越大越好”的指标，采用上限效果法，即 $v_{ij}=[u_{ij}]/[U_i]_{max}$；

对于衡量其效果“越小越好”的指标，采用下限效果法，即 $v_{ij}=[U_i]_{min}/[u_{ij}]$；

对于衡量其效果“越接近额定值越好”的指标，采用额定效果法，即 $v_{ij}=[U_i]_0/[u_{ij}]$（当 $[u_{ij}]\geqslant[U_i]_0$ 时）；$v_{ij}=[u_{ij}]/[U_i]_0$（当 $[u_{ij}]\leqslant[U_i]_0$ 时）；

这样就可以得到各指标无量纲又具有可加性的评价值。

（二）定性指标综合评价（模糊综合评价）

对于不能用统计方法得到量化值的三级指标，可以采用综合模糊评价的方法确定二级指标的综合评价值（张丽坤等，2004）。

1. 确定评价集 V

不论因素层次有多少，评价集只有一个，这个评价集适用于三级指标。通过评价集给定评价的基准，表示为

$$V=\{v_1, v_2, \cdots, v_p\}$$

式中，$v_k(k=1, 2, \cdots, p)$ 为总评判的第 k 个可能的结果。

选择因素集和评价集的原则是：既要全面又要抓住主要矛盾。这样既可以更好地模拟人们的思维，又可以避免一些不必要的麻烦。

2. 建立模糊评价矩阵

请专家或相关人员组成的指标评估小组，根据给定的评价基准对指标进行

评价。这种评价是一种模糊映射，即使对同一个指标的评定，由于不同评价人员可以作出不同的评定，所以评价结果只能用对第 i 个因素作出第 j 评价尺度的可能程度的大小来表示。这种可能程度称为隶属度，记做 r_{ij}（欧奕勤和张先迪，1988）。

$$r_{ij}=\frac{\text{对第 } i \text{ 个因素作出第 } j \text{ 评价尺度的专家人数}}{\text{参加评价的专家人数}}$$

由此得到模糊评价矩阵：

$$\boldsymbol{R}=\begin{bmatrix} r_{11} & r_{12} & \cdots & r_{1n} \\ r_{21} & r_{22} & \cdots & r_{2n} \\ \vdots & \vdots & & \vdots \\ r_{m1} & r_{m2} & \cdots & r_{mn} \end{bmatrix} \tag{3-8}$$

3. 模糊综合评判

根据模糊评价矩阵，模糊综合评判集为

$$\begin{aligned} \boldsymbol{B}=\boldsymbol{W}\boldsymbol{R}&=(w_1 \quad w_2 \quad \cdots \quad w_n)\begin{bmatrix} r_{11} & r_{12} & \cdots & r_{1n} \\ r_{21} & r_{22} & \cdots & r_{2n} \\ \vdots & \vdots & & \vdots \\ r_{m1} & r_{m2} & \cdots & r_{mn} \end{bmatrix} \\ &=(b_1 \quad b_2 \quad \cdots \quad b_n) \end{aligned} \tag{3-9}$$

式中，$\boldsymbol{B}$ 为 $\boldsymbol{U}$ 中所有因素的综合评判结果，它表示评判对象按所有因素评判时，对评判集中第 k 级的隶属度，再由最大隶属度原则或加权平均法定出最终结论。

4. 按照已经制定的评价尺度进行计算，这种评定是一种模糊映射

将评价等级取成列矩阵 $\mathbf{V}$，指标评价结果最后数值结果为

$$\boldsymbol{U}=\boldsymbol{B}\cdot\mathbf{V} \tag{3-10}$$

其评价分值能够更清晰地度量指标的效果，并使结果可以相互比较。

三 计算各方案的评价值

各方案的评价值即各指标的量化值与权重的加权平均值，即

$$\boldsymbol{F}=\mathbf{V}\cdot\mathbf{A}^{\mathrm{T}}$$

式中，$\mathbf{V}$ 为各指标经无量纲处理后的量化值；$\mathbf{A}^{\mathrm{T}}$ 为各指标的层次组合权重值。

根据 F 值的大小可判断各方案的优劣程度，从而进行方案的比选。

第四章 城市居民能源消费行为研究

为了准确把握城市居民的能源消费态度与行为，为实现能源的生态化供应提供依据，本研究对城市居民能源消费行为进行了大规模问卷调查及访谈。

第一节 居民能源消费行为评价体系

居民能源消费行为也叫做居民能源行为或家庭能源使用等。这些概念相类似，相对于居民能源使用行为，居民能源行为或者能源消费行为还包括对能源及耗能产品的购买行为。在现有研究中，国内外许多学者都对居民能源消费行为进行了探讨。

Diepen（2000）把家庭能源使用分类为住宅能源使用（home energy use）和交通能源使用（transport energy use）。其中，住宅能源使用主要包括家庭空调、烹饪、照明和各种家用电器的使用行为；交通能源使用主要包括各种用途的交通行为，如为通勤、采购、休闲娱乐和度假等发生的交通行为。Poortinga等（2003）认为对这两类行为的研究应该分别对待，因为这两类行为的促发因素各不相同。

Parker等（2003）根据Kempton等学者的划分，把住宅能源使用分为三类：投资行为（investment）、管理行为（management）和缩减行为(curtailment)。其中，投资行为包括更新住宅能源效率方面的投资及购买提高能源效率的产品和装置等；管理行为指的是日常的重复性能源使用，如开关电源、使用空调等；缩减行为是比管理行为更进一步的有意识的能源节约行为，是有意识地通过牺牲自身的一定福利或者付出一定的代价节约能源，如不用烘干机、不用空调装置等。

Carlsson等（2005）将住宅能源使用行为具体细分为取暖和照明（包括用节能灯泡、离开房间关灯、空调使用等）、清洁（包括洗衣机使用、洗澡等）、餐饮（包括烧水、做饭；微波炉、烤箱、洗碗机等的使用）和娱乐（包括计算机、电视、音响等的使用）。

我国学者郭琪和樊丽明（2007）对公众节约能源行为的定义分为两层含义：一是通过降低单位产值能耗（即提高能效）实现节能的行为；二是通过使用优质能源（即提高能质）实现节能的行为。

为了更直接地了解城市居民能源消费行为的情况，应用问卷调查法对城市居民能源消费行为进行了系统的调查研究。在问卷的设计上，根据文献调研获取国外量表构成和信度、效度分析结果，在广泛征询专家和居民意见的基础上，进行了归纳、提炼，并生成本研究的原始量表。确定出能源购买行为、住宅能源使用、交通能源行为三类居民能源消费行为，以及 12 个相应的二级指标作为居民能源消费行为的评测体系。在此基础上，又请有关专家对量表进行了修正与校核，最终形成了正式的调查问卷。整个问卷的开发过程较好地保证了调查问卷的内容有效性。居民能源消费行为评价体系及相对应的题目，如表 4-1 所示。

表 4-1　居民能源消费行为的综合评价指标及题项

	题目	选项
能源购买行为	1. 购买灯具的时候选择节能型灯具	A 非常不同意 B 不同意 C 不确定 D 同意 E 非常同意
	2. 购买家电产品时，根据能效标识选择节能型家电，如电冰箱、空调、洗衣机等	A 非常不同意 B 不同意 C 不确定 D 同意 E 非常同意
	3. 购买太阳能热水器	A 非常不同意 B 不同意 C 不确定 D 同意 E 非常同意
	4. 购买或打算购买汽车时，首选节油型汽车或新能源汽车	A 非常不同意 B 不同意 C 不确定 D 同意 E 非常同意
住宅能源使用	1. 离开房间时能随手关灯	A 从没做到 B 偶尔做到 C 约半做到 D 大多做到 E 每次做到
	2. 电器长时间不用时会主动切掉电源，减少电视、空调、计算机、饮水机、音响、微波炉等家用电器的待机耗电	A 从没做到 B 偶尔做到 C 约半做到 D 大多做到 E 每次做到
	3. 尽量以节能的方式使用家用电器，如使用洗衣机时积累到足够的洗衣量才开始洗、在家里避免使用空调，或者尽量减少使用空调、减少冰箱的开门次数和开门时间	A 从没做到 B 偶尔做到 C 约半做到 D 大多做到 E 每次做到
	4. 在公共浴池洗浴的时候会节省用水	A 从没做到 B 偶尔做到 C 约半做到 D 大多做到 E 每次做到
	5. 在单位的办公室等工作地避免使用空调，或者减少使用空调	A 从没做到 B 偶尔做到 C 约半做到 D 大多做到 E 每次做到
	6. 使用空调时夏季温度设定在 26～28℃，冬天设定在 18～20℃	A 从没做到 B 偶尔做到 C 约半做到 D 大多做到 E 每次做到
交通能源行为	1. 使用日常大众交通工具，如搭乘公交车、骑车或步行	A 从没做到 B 偶尔做到 C 约半做到 D 大多做到 E 每次做到
	2. （如果开车）为了车辆省油，能够运用驾驶技巧降低油耗	A 从没做到 B 偶尔做到 C 约半做到 D 大多做到 E 每次做到

第二节　城市居民能源消费行为的评价

设因素集 $U=\{U_i\}$ ＝｛能源购买行为，住宅能源使用，交通能源行为｝，

$U_i=\{U_{ij}\}$（$i=1,2,3$；$j=1,2,\cdots,n_i$）。同时，设定居民能源消费行为的评语集为$V=$｛非常不满意，比较不满意，一般，比较满意，非常满意｝，并采用 Likert 五点量表法，分别赋予 1～5 分。

设U_i对居民能源消费行为的权重集为$B=\{b_i\}$，U_{ij}对一级居民能源消费行为U_i的权重集为$W_i=\{w_{ij}\}$，（$i=1,2,\cdots,n$；$j=1,2,\cdots,n_i$），且B与W_i均满足归一化条件

$$\sum_{i=1}^{n} b_i = 1 \; ; \; \sum_{j=1}^{n_i} \omega_{ij} = 1$$

权重集可以通过 Delphi 法、AHP 法或专家评分法确定。对专家的判断结果经归一化处理后，得到该专家的权重判断向量。将所有专家给出的权重向量汇总，可得出评价居民能源消费行为的初始权重矩阵$\boldsymbol{B}_0$，其中，n为评价居民能源消费行为数，m为专家人数。

$$\boldsymbol{B}_0 = \begin{bmatrix} B_{11} & B_{12} & \cdots & B_{1n} \\ B_{21} & B_{22} & \cdots & B_{2n} \\ \vdots & \vdots & & \vdots \\ B_{m1} & B_{m2} & \cdots & B_{mn} \end{bmatrix}$$

首先对三类居民能源消费行为的权重加以评判。共邀请来自高校、政府、环保机构和街道的 6 位专家对各能源消费行为的重要程度进行打分，根据每位专家给出的判断矩阵应用 AHP 法处理后得到初始评价矩阵$\boldsymbol{B}_0$。

$$\boldsymbol{B}_0 = \begin{bmatrix} 0.25 & 0.56 & 0.19 \\ 0.35 & 0.48 & 0.17 \\ 0.27 & 0.62 & 0.11 \\ 0.33 & 0.52 & 0.15 \\ 0.22 & 0.54 & 0.24 \\ 0.47 & 0.42 & 0.11 \end{bmatrix}$$

如果对权重进行简单平均，可能会由于某个专家意见的偏离程度较大而使整体能源消费行为权重值有所偏差。这里采用聚类分析中的明考夫斯基距离判别法来剔除偏离点集，保证专家意见的一致性与集中性。该方法与其他聚类分析方法相比，计算简单且具有较好的精度，非常适合在实践领域中推广。

根据明考夫斯基距离公式，由初始权重矩阵$\boldsymbol{B}_0$计算各专家意见权重间的相似系数Q_{ij}，得到相似系数矩阵$\boldsymbol{Q}$。

$$Q_{ij} = 1 - \left[\frac{1}{n}\sum_{k=1}^{n} \left| B_{0ik} - B_{0jk} \right|^{q}\right]^{1/q}$$

$$Q=\begin{bmatrix} Q_{11} & Q_{12} & \cdots & Q_{1m} \\ Q_{21} & Q_{22} & \cdots & Q_{2m} \\ \vdots & \vdots & & \vdots \\ Q_{m1} & Q_{m2} & \cdots & Q_{mm} \end{bmatrix}$$

式中，q 值通常取 1，2，3，具体可以根据实际计算精度的要求来确定，如果专家意见差别明显，q 值应该小一些，反之则应大一些；Q_{ij} 表示专家 i 与专家 j 权重之间的相似程度，Q_{ij} 越大，则相似程度越大，说明这两个专家对该能源消费行为的权重看法越一致；n 为评价能源消费行为数，m 为专家人数，显然，$Q_{ii}=1$，$Q_{ij}=Q_{ji}$。

由于在对城市居民能源消费行为权重的确定中专家意见具有一定的差别，因此取 $q=1$。由此计算各权重间的相似系数，从而得到相似系数矩阵 $\boldsymbol{Q}$。

$$\boldsymbol{Q}=\begin{bmatrix} 1.000 & 0.933 & 0.947 & 0.947 & 0.967 & 0.853 \\ 0.933 & 1.000 & 0.907 & 0.973 & 0.913 & 0.920 \\ 0.947 & 0.907 & 1.000 & 0.933 & 0.913 & 0.867 \\ 0.947 & 0.973 & 0.933 & 1.000 & 0.927 & 0.907 \\ 0.967 & 0.913 & 0.913 & 0.927 & 1.000 & 0.833 \\ 0.853 & 0.920 & 0.867 & 0.907 & 0.833 & 1.000 \end{bmatrix}$$

进一步计算

$$P_i=\sum_{j=1}^{m} Q_{ij}$$

得到

$$\boldsymbol{P}=(P_1,\ P_2,\ \cdots,\ P_m)^{\mathrm{T}}$$

式中，P_i 为相似系数矩阵中每一行之和，它表示第 i 个专家判断所得出的权重意见与其他专家群体评估所得权重意见的偏离程度，相似系数之和越小，则该专家意见距离其他专家意见越“远”，偏离程度越大。

进一步计算专家意见偏离程度指标 D_i：

$$D_i=\frac{P_{\max}-P_i}{P_{\max}}\times 100\%$$

式中，D_i 为第 i 个专家的相似系数与最大相似系数的偏离程度；$P_{\max}$ 为向量 P 中的最大值。当 D_i 大于某一阈值时，第 i 个专家的意见应该被排除掉。

在剔除偏离专家的意见时，确定偏离标准 D_i 的阈值十分关键，阈值的大小与所聘专家意见的偏离情况及同类决策评价的经验有关，可以根据经验或项目的具体情况给出。

对初始权重矩阵 $\boldsymbol{B}_0$，将大于某一阈值的专家所在行的向量值去掉后，求各列的平均值并进行归一化处理，得到有效的能源消费行为权重向量 $B=(b_1, b_2, \cdots, b_n)$，且 $\sum_{i=1}^{n} b_i=1$ 。

针对城市居民能源消费行为调查中得到的具体数据，计算各专家权重的相似程度向量 P，以及专家意见的偏离程度向量 D：

$P=(5.647, 5.646, 5.567, 5.687, 5.553, 5.380)^{\mathrm{T}}$

$D=(0.70\%, 0.72\%, 2.11\%, 0, 2.36\%, 5.40\%)^{\mathrm{T}}$

根据专家意见的偏离程度，取阈值为5%。由于 $D_6>5\%$，因而剔除第6位专家的意见。去掉矩阵 B_0 中第6位专家的意见后，求各能源消费行为权重的平均值并归一化，得到3个一级能源消费行为的权重向量 $B=(0.284, 0.544, 0.172)$。

同理可得各二级能源消费行为对一级能源消费行为 U_i 的权重集为 W_i。城市居民二级能源消费行为的权重：$\boldsymbol{W}_1=(0.144, 0.426, 0.172, 0.258)$；$\boldsymbol{W}_2=(0.128, 0.206, 0.214, 0.162, 0.146, 0.144)$；$\boldsymbol{W}_3=(0.602, 0.398)$。

考虑 U_i 下的指标 U_{ij}，评判其隶属于第 t 个评语的程度 r_{ijt}，可以得出 U_i 的模糊评价矩阵

$$R_i=(r_{ijt})_{n_i\times 5}$$

式中，n_i 为第 i 个一级能源消费行为下的二级能源消费行为数目。

设 A_i $(i=1, 2, \cdots, n)$ 为 U_i 的一级评判向量，根据 $A_i=W_i \cdot R_i$ 得到对第 i 个一级能源消费行为的综合评价向量 $A_i=(a_{i1}, a_{i2}, \cdots, a_{i5})$，其中，

$$a_{it}=\sum_{j=1}^{n_i} \omega_{ij} r_{ijt}$$

目标层的综合评价矩阵 $\boldsymbol{A}=[A_1, A_2, A_3, \cdots, A_n]^{\mathrm{T}}$。

最后，对居民能源消费行为进行综合评价，令 $\boldsymbol{Z}=\boldsymbol{B}\cdot\boldsymbol{A}=(z_1, z_2, \cdots, z_5)$，其中 $z_j=\sum_{i=1}^{n} b_i a_{ij}$ ，计算得出居民能源消费行为的模糊综合评价矩阵 $\boldsymbol{U}$，根据最大隶属度原则和置信度原则即可进行评判。

本次调查选取包括企事业单位、社区居民等在内的大连市居民作为调查对象。在大连市科技局和大连市发改委等部门的支持下，在2008年4月1～31日，对大连市共37个单位进行了问卷调查，共发放问卷1800份，其中有178份问卷因填答有缺失项而被剔除，有94份问卷因未达到填答质量要求而被剔除，共收回有效问卷数量为1528份，有效回收率达84.89%。调查问卷的发放情况和基本数据统计如表4-2和表4-3所示。

表 4-2　大连市居民能源消费行为调查问卷发放情况　　（单位：份）

问卷发放的单位	单位性质	发放问卷数量	有效问卷数量	问卷发放的单位	单位性质	发放问卷数量	有效问卷数量
东北市政设计院大连分院	企业	20	20	大连大化工程设计有限公司	企业	45	35
中石油大连销售分公司	企业	85	80	中石油大连运输公司	企业	30	26
大连煤气公司沙河口分公司	企业	40	19	大连煤气公司甘井子分公司	企业	150	131
大连煤气公司安盛燃气公司	企业	20	16	大连大众煤气设计有限公司	企业	20	13
大连文园燃气公司	企业	30	30	大连天诚燃气有限公司	企业	140	127
大连东然低压燃气有限公司	企业	20	14	大连石化矿山事业部	企业	50	50
大连自来水集团沙区分公司	企业	40	34	大连吉通管道工程公司	企业	20	19
中国移动大连分公司	企业	50	42	大连建设控股有限公司	企业	100	97
大连蓝灯出租汽车公司	企业	40	33	大连京都律师事务所	企业	20	19
大连泛华工程建设监理公司	企业	45	30	大连科技园房地产开发公司	企业	45	36
大连弘源建设公司	企业	30	19	大连石化劳服公司	企业	80	78
大连因泰集团公司	企业	20	12	大连市公安局保安公司	企业	90	77
大连市燃气管理处	事业	50	29	大连市公用事业联合收费处	事业	90	88
大连市建设工程质量监督站	事业	25	17	大连市城建档案馆	事业	25	22
大连市建委节能处	事业	20	19	大连市建委执法处	机关	20	15
大连建行沙区支行	银行	50	49	大连建行凌水支行	银行	40	25
大连市甘井子区凌水街道	街道	35	33	大连市甘井子区南沙街道	街道	30	23
解放军大连水面舰艇学院	部队	80	75	解放军大连 440 医院	医院	15	10
大连市城建技工学校	学校	90	66	合计		1800	1528

表 4-3　能源消费行为的描述性统计

一级指标	二级指标	均值	标准差
能源购买行为	购买节能型灯具	3.97	1.012
	购买节能型家电	3.82	0.963
	购买太阳能热水器	3.48	0.956
	购买或打算购买节油型汽车	3.84	0.991
住宅能源使用	离开房间时随手关灯	4.00	0.960
	电器长时间不用时主动切掉电源	3.86	1.024
	尽量以节能的方式使用各类家用电器	3.80	1.035
	在公共浴池洗浴时节省用水	4.10	0.947
	在单位的办公室等工作地方避免使用空调，或者减少使用空调	3.83	0.983
	使用空调时夏季温度设定在 26～28℃，冬天设定在 18～20℃	3.75	1.124
交通能源行为	使用日常大众交通工具，如搭乘公交车、骑车或步行	3.99	1.029
	（如果开车）为了车辆省油，能够运用驾驶技巧降低油耗	3.69	1.100

通过整理已回收的有效调查问卷，对 1528 个样本数据进行统计分析。按照在各个能源消费行为的描述性统计结果进行汇总，并归一化得到 $\boldsymbol{R}_1$、$\boldsymbol{R}_2$、$\boldsymbol{R}_3$，依据公式 $\boldsymbol{A}=\boldsymbol{W}\cdot\boldsymbol{R}$ 计算出各一级能源消费行为的模糊评价矩阵。

$$\boldsymbol{R}_1 = \begin{bmatrix} 0.004 & 0.010 & 0.304 & 0.360 & 0.322 \\ 0.010 & 0.025 & 0.402 & 0.258 & 0.305 \\ 0.050 & 0.115 & 0.340 & 0.295 & 0.200 \\ 0.014 & 0.032 & 0.353 & 0.305 & 0.296 \end{bmatrix}$$

$$\boldsymbol{R}_2 = \begin{bmatrix} 0.018 & 0.074 & 0.134 & 0.442 & 0.333 \\ 0.028 & 0.099 & 0.139 & 0.455 & 0.279 \\ 0.038 & 0.086 & 0.161 & 0.467 & 0.248 \\ 0.015 & 0.050 & 0.168 & 0.354 & 0.414 \\ 0.033 & 0.071 & 0.166 & 0.488 & 0.242 \\ 0.063 & 0.080 & 0.169 & 0.421 & 0.267 \end{bmatrix}$$

$$\boldsymbol{R}_3 = \begin{bmatrix} 0.033 & 0.065 & 0.141 & 0.403 & 0.357 \\ 0.060 & 0.089 & 0.181 & 0.442 & 0.228 \end{bmatrix}$$

$\boldsymbol{A}_1 = \boldsymbol{W}_1 \cdot \boldsymbol{R}_1 =$ (0.017，0.040 ，0.365，0.291，0.287)；

$\boldsymbol{A}_2 = \boldsymbol{W}_2 \cdot \boldsymbol{R}_2 =$ (0.033，0.078 ，0.156，0.439，0.294)；

$\boldsymbol{A}_3 = \boldsymbol{W}_3 \cdot \boldsymbol{R}_3 =$ (0.044，0.075 ，0.157，0.418，0.306)；

最后，得出居民能源消费行为的模糊综合评价矩阵 $\boldsymbol{Z} = \boldsymbol{B} \cdot \boldsymbol{A} =$ (0.030，0.067，0.216，0.393，0.294)。

对三类能源消费行为采用最大隶属度原则来确定评价结果，如表 4-4 所示。

表 4-4　能源消费行为的评价结果

评价对象	综合评价向量	状态
能源购买行为	(0.017，0.040，0.365，0.291，0.287)	一般
住宅能源使用	(0.033，0.078，0.156，0.439，0.294)	比较满意
交通能源行为	(0.044，0.075，0.157，0.418，0.306)	比较满意

第三节　城市居民能源消费行为分析

一　能源消费行为的评价结果分析

通过表 4-4 可以看出，在能源购买行为的 5 个评价等级上，最终评价结果为“一般”(指标数值为 0.365)，即居民基本上能做到购买节能家用产品。住宅能源使用的评价结果为“比较满意”(指标数值为 0.439)，即居民对住宅能源的使用在大多时候能够考虑到节约能源。交通能源行为的评价结果为“比较满意”(指标数值为 0.418)，即居民大多能做到对交通能源行为的节约利用。从能源购买行为、住宅能源使用、交通能源行为的综合评价向量 Z 可以看出，居民的能源消费行为总体上比较符合能源节约的要求。

综合来看，由于城市居民能源消费行为的综合评价集属于有序评价等级，因此采用置信度识别法进行评判，取置信度 $\lambda=0.8$。显然，城市居民能源消费行为越满意越好，故而应该从后往前判定。首先，居民能源消费行为“非常满意”的等级置信度为 $0.294<0.8$，不足取；不低于“比较满意”等级的置信度为 $0.294+0.393=0.687<0.8$，也不足取；不低于“一般”等级的置信度为 $0.294+0.393+0.216=0.903>0.8$，值得相信，故判定城市居民能源消费行为为“一般”等级，且有 90.3%的置信度。

二 能源消费行为的影响因素分析

近年来，许多城市积极宣传贯彻科学发展观，使广大居民充分认识节能减排的重要意义，牢固树立节能意识、环保意识和资源忧患意识，多次举办节能减排技术、产品科普展。并且，通过电视台、电台、报刊等媒体的专题报道，大力宣传节能减排、珍惜资源、保护环境，制作以节能、节水、节地、综合利用资源、宣传循环经济为主题的科普展板，编制以建设节约环保型社会为主题的科普挂图等，对于引导居民的能源消费行为发挥了积极的作用。

在本研究的问卷调查中，对能源行为的影响因素也作了相应的调查，分别从价格、技术可靠性、便利性、耗时、经济性、信息指导与宣传、他人影响、政策法规等方面考察对能源行为的影响。

在问卷中“节能产品的技术与可靠性是决定我是否购买的重要因素”问题的选择上，选择“不同意”的人占 4.01%，选择“不确定”的人占 20.48%，选择“同意”的人占 75.51%；在问卷中“节能型产品的价格是决定我是否购买的主要因素”问题的选择上，选择“不同意”的人占 8.98%，选择“不确定”的人占 31.80%，选择“同意”的人占 59.22%。可见，节能产品的技术与可靠性和节能产品的价格主要影响居民能源购买行为，其中，更为主要的是节能产品的技术与可靠性。

在问卷中“周围的人如果都实施节能行为，会带动我也采取节能行为”问题的选择上，选择“不同意”的人占 3.77%，选择“不确定”的人占 15.45%，选择“同意”的人占 80.78%；在问卷中“政策法规对我采取节能行为起到促进和约束的作用”问题的选择上，选择“不同意”的人占 10.18%，选择“不确定”的人占 20.72%，选择“同意”的人占 69.10%；在问卷中“从报纸、电视等媒体了解到的信息，会影响我采取节能行为”问题的选择上，选择“不同意”的人占 11.44%，选择“不确定”的人占 22.10%，选择“同意”的人占 66.47%。因此，可以从社会规范、政策法规和信息指导与宣传等方面，进一步提升居民的能源消费行为。

第五章 城市能源生态化供应实现路径研究

第一节 城市能源生态化供应方案设计

从国内外城市的能源供应经验来看，城市能源生态化供应是一个综合的过程，必须考虑到所有环节的相互关联性。生态化供应是一个以调整能源结构和体制创新为主要特征的过程，其基本思路是在控制煤炭消耗总量的同时加强煤炭的洁净化利用，减少煤炭用于发电的比重；扩大天然气和液化石油气等清洁能源的使用量，积极发展可再生能源，建立起与经济增长和城市发展相适应的多元化的能源供给体系；实现能源供应过程中的节能降耗，积极开展能源再循环利用。城市能源生态化供应的具体思路如下。

一 优化能源结构，大力发展天然气

能源结构优化可以从两方面着手，一方面是调整用能部门需求结构。在完成工业化初期建设之后，进一步的市场经济转型和企业改革使我国国民经济正处在结构性转换的关键时期，保证能源安全、促进资源节约和形成清洁生产的产业结构，是实现战略性重组的主要任务之一。应该实施以部门为先导的能源结构性调整战略，即先从部门入手，通过优质、洁净能源的替代，逐步改变电力、钢铁、化工、建筑、汽车等主要行业和民用领域的能源消费结构，促进能源供应多样化和能源效率的提高，进而实现可持续的能源供应和保护环境的战略目标。同时要调整工业结构和产业布局，大力发展第三产业，促进产业升级换代。

另一方面就是从供应角度大力发展天然气。天然气以其资源的丰富、应用领域的广泛及特有的环境保护优势，将成为 21 世纪全球能源市场的首选燃料。鉴于我国的能源结构现状，城市能源结构优化的最重要的措施之一就是逐步减少煤炭在能源消费中的比重，重点扩大天然气的应用范围和使用比重，使城市用气立足于天然气。

为了用好天然气，可以在以下几个方面作出努力。

（一）用于工业生产

目前，在城市工业中，生产所用燃料仍以煤炭制品为主。工业生产耗煤量居高不下，使城市环境有进一步恶化的可能，洁净的天然气作为工业燃料可改变这种状况。天然气还可化工利用，以天然气为基础原料是化工产业发展的趋势。目前，以天然气为原料生产的一次产品有氨、甲醇、合成油、氢气、乙炔、氯甲烷、二氯甲烷、三氯甲烷、四氯化碳、炭黑、氢氰酸、二硫化碳、硝基甲烷及单细胞蛋白等几十种，其中，合成氨及甲醇占有重要地位，全世界84%的氨和90%的甲醇都是以天然气为原料生产的（张帆和梁志鹏，2001）。

（二）用于发电

天然气用于发电的主要利用途径是燃气/蒸汽联合循环发电。它首先用以天然气为燃料的燃气轮机直接拖动发电机组发电，然后利用燃气轮机排出的高温烟气进入“余热锅炉”产生过热蒸汽，进入汽轮机进行第二次发电，最后将余热锅炉排放出来的烟气与冷水换热向热能用户供热。燃气/蒸汽联合循环发电在实现高品位能量的转换的同时，又能充分利用较低品位的能量，达到了能源梯级利用的目的，具有能源综合利用和最高效率的优点，其系统热效率可达到80%左右。应用天然气燃料燃气/蒸汽联合循环发电的另一个优点是最低的环境污染排放。燃气轮机具有优良的燃烧特性，控制低污染排放的技术水平也不断提高。天然气燃气/蒸汽轮机联合循环机组与常规火力发电机组相比具有最低的污染排放，被称为“绿色能源”，是可持续发展最有希望的发电技术。燃气轮机联合循环发电除具有热效率高、排放污染少的优点之外，还具有灵活机动、调峰性能好，以及投资低、建设周期短、占地面积少等一系列优点。随着经济发展和人民生活水平的提高，用于空调、取暖的电力负荷明显增加，造成日负荷和季节性负荷的峰谷差，这是世界各工业国家普遍存在的问题。以天然气直燃的微型燃气轮机分布式冷、热、电联供，可使用管网或车运天然气，大大减少在电网上的耗电，可化解电网峰谷差矛盾，提高电网的安全性和经济性，这已成为当代电力发展中的又一热点（汪寿建，1999）。

我国重点支持发展的天然气燃气/蒸汽轮机联合循环发电工程首批联合招标项目装机总容量为800万千瓦，已于2004年全线建成投产，2005年1月1日全线实现商业供气的目标。以引进技术形成自主开发能力为目标的燃气轮机制造产业也在分阶段实现，我国天然气燃气轮机和联合循环发电进入了一个新的发展时期。

（三）用做清洁民用燃料

近年来，我国大城市大气环境状况普遍较低，除了汽车尾气造成的大气污染外，市区用于取暖和炊事的燃煤锅炉或其他炉具是重要的大气污染源。在许多城市，越来越多的商业建筑的空调系统主机采用以天然气为燃料的燃气锅炉、直燃吸收式制冷机组、热电联产机组，甚至冷热电联供等机组。大城市的区域供热正在逐步完成天然气锅炉代替燃煤锅炉的改造过程，家用燃气锅炉在新建居民住宅小区中的使用也正在快速发展。

（四）发展天然气汽车

改革开放 30 多年来，我国的国民经济快速发展，城市化进程加快，机动车保有量迅猛增加，尤其是各大城市，机动车辆的保有量增长更快，伴随而来的是严重的汽车尾气污染。发展以天然气为燃料的汽车可以大大减少对大气的环境污染。

二 采用绿色能源技术，实现煤炭清洁利用

在能源结构优化的过程中，煤炭必将退出一些使用领域，但是煤炭在我国能源中的地位仍然十分重要。因此，大力推广使用洁净煤技术对于改善能源结构、减轻环境污染也具有重大意义。按照国务院批准的《洁净煤技术科技发展“十二五”专项规划》，部署了高效洁净燃煤发电、先进煤转化、先进节能技术、污染物控制及二氧化碳捕集与封存和资源化利用技术等四个洁净煤的重点方向。煤炭加工（选煤、型煤和动力配煤、水煤浆）是实现提供优质煤炭或加工产品，大范围提高效率和减少污染的途径；煤炭高效洁净燃烧（循环流化床发电技术、联合循环发电技术）是提高煤炭燃烧效率和减少污染并提供电力的有效途径；煤炭转化（煤炭气化、液化和燃料电池）是指将煤转变为气体、液体或其他产品的过程，可以提高热效率和减少污染；燃煤污染控制技术与废弃物处理包括烟气净化、电厂粉煤灰综合利用、煤层气开发利用和煤矸石综合利用等，成熟的燃煤污染控制技术主要应用于发电厂，包括脱硫、脱氮工艺或低氮燃烧（任意，2012）。

三 提高节能意识，强化节能降耗

在生态化能源结构调整中，节能原则必须始终贯穿其中，它是降低能源消耗强度的重要途径。1998 年起正式实施的《中华人民共和国节约能源法》指出节能是国家发展经济的一项长远战略方针。由国家发改委牵头、40 个部门共同编制的《中华人民共和国可持续发展国家报告》于 2012 年 6 月在北京发布。报告总结了 2001 年以来中国实施可持续发展战略付出的努力和取得的进展，其

中，最突出的是2005年以来，中国的单位GDP能耗下降了21%，二氧化硫和化学需氧量排放总量分别下降了16%和14%。报告还分析了存在的差距和面临的挑战，并明确提出今后的战略举措。从目前来讲，节能可以从以下几个主要方面入手。

（一）工业节能

从发展水平看，我国目前总体上仍处于工业初中期阶段，工业部门的能耗占国家整个能源消耗总量的70%，其中，钢铁、有色金属、化工、建材等高耗能行业的能耗又占整个工业终端能耗的70%以上。近年来我国通过开展千家企业节能运动，大力推进结构节能，优化产业结构和空间布局，淘汰落后工艺、装备和产品，推广先进适用节能技术、全面加强能源管理，主要高耗能行业能源利用率逐年提高，与2005年相比，2010年规模以上企业单位工业增加值能耗累计下降26%，火电煤耗由每千瓦时370克标准煤下降到333克标准煤，下降10%，吨钢综合能耗由668克标准煤下降到605克标准煤，下降12.1%，水泥综合能耗下降28.6%，乙烯综合能耗下降11.3%，合成氨综合能耗下降14.3%等，一大批高效节能技术和产品得到普遍应用（胡正梁，2004）。

（二）交通节能

交通运输是我国能源消耗比较大的部门，2000年我国交通运输邮电部门消费了全国1/2的煤油、1/3的汽油和1/4的柴油。交通运输用能是未来能源需求增长最快的领域，特别是汽车用能。交通运输部出台了一系列治本措施，“重拳”推进节能减排。一是建立并严格实行营运车辆燃料消耗量准入制度；二是严格实行客运运力调控政策；三是加快推进电子不停车收费系统建设；四是严格执行交通固定资产投资项目节能评估审查制度。在出台硬性措施的同时，目前已初步形成了包括法规、规划、标准规范等多层次的交通运输节能减排制度体系。修订的《中华人民共和国节约能源法》将交通运输节能纳入调整范围。交通运输部组织修订了《载货汽车运行燃料消耗量》、《载客汽车运行燃料消耗量》等20余项与公路水路节能减排相关的国家标准和行业标准。

（三）建筑节能

一直以来，我国建筑行业与工业耗能、交通耗能并列为三大“耗能大户”，建筑耗能仅次于工业耗能。最新数据显示，全国建筑耗能一般占社会总耗能的30%，再加上建筑材料生产过程的消耗，在社会总耗能中占比高达46%～47%，近“半壁江山”（屈博闻，2012）。随着建筑业的高速发展和人民生活质量的改善，建筑能耗占全社会总能耗的比例还会继续增长。目前，我国建筑能耗普遍高于发达国家，主要表现为建筑物保温与供热系统状况差。我国实现建筑节能的途径除了要加快建筑节能材料、建筑节能科技的开发研究与推广合理的设计和施工实现建筑节能、采用适宜的墙体材料实现节能、用合理的构造实现节能并优化城市能源结构和积极推进城镇供热体制改革外，建立合理的使用付费制度和保障建筑节能措施的有效贯彻也尤为重要。

四 综合利用资源，实现能源循环梯级利用

能源循环利用是城市能源生态化改造的指导原则之一，当前利用城市垃圾回收能源是其主要实践。城市垃圾的潜能十分可观，垃圾焚烧的废热有多种利用方式，大的焚烧炉可以用来发电，小的焚烧炉可以用来为居民采暖和供热水。据估计，1 吨城市垃圾可产生压力为 1.471 兆帕的蒸汽 1～2 吨，发电 270 千瓦时。为保证输出热量稳定，通常将城市垃圾以供应可燃废弃物或部分燃料混合燃烧，并选择用能集中的地方建造焚烧场，以建立合理的废热回收体系。另外，垃圾焚烧可能会产生有害的气体，为防止二次污染，焚烧炉应该安装排气净化装置。利用新技术，垃圾可以进行热分解造气和热分解造油。例如，废塑料、废轮胎、废纸及其他可燃成分都可以通过热分解变为燃气。试验表明，每吨精选的城市垃圾，经热分解可以制得 353 立方米煤气，其热值达 1674.4 万焦/立方米。但由于热分解过程也要耗能，因此每吨垃圾的净有效燃值可达 4 亿焦。城市垃圾中来自厨房的废物占了很大的比例，这些物质大都是生物易降解的物质，可以通过厌氧发酵的途径制得沼气。还有城市污水中的泥污经脱水处理后，再加少许辅助燃料，即可以在焚烧炉内焚烧，回收的废热可以用于地区性采暖、供热和发电（王学涛等，2002）。

将综合利用与梯级利用的概念引入化学能及化学能向物理能转化的阶段，实现化学能与物理能的综合梯级利用，即通过多层次不同品位能源梯级利用的总能系统，来达到更高能源利用率与排放标准的目标。“分布式供能系统”是实现这一目标的重要途径，一般指在集中的区域内采用小规模、分布式的方式，独立地输出热能、电力和冷能的系统，包括使用液体或气体燃料的内燃机、微型或小型燃气轮机和燃料电池等作为驱动热源，由于实现了能源的“温度对口，梯级利用”，能效可达 80%以上，超过燃煤火电机组 1 倍，是达到资源效益最大化、资金和环境代价最小化的多元能源供应模式。与燃煤电厂相比，以天然气为燃料的分布式能源站对环境的影响也要小得多，二氧化硫和固体废弃物排放几乎为 0，温室气体（二氧化碳）减少 50%以上，氮氧化物减少 80%，总空气悬浮物减少 95%，占地面积与耗水量减少 60%以上。推广“分布式供能系统”模式有利于提高能源利用水平，有利于发挥清洁能源的替代效应，改善当前严

重存在的能源利用结构不合理的状态；有利于城市多元化能源供应系统的建设。另外，作为分布式供能系统技术核心的热电联产技术，自20世纪70年代在国外发展以来，经30多年的商业运行，技术已相当成熟（常晓茜，2004）。

五 发展能源替代，积极利用可再生能源

可再生能源通常是指不污染环境、在自然中可以循环再生的能源。能源供应链的生态化改造，从近期来说可以采用清洁能源替代传统能源，从远期来说应该发展绿色能源供应技术，提高可再生能源的消费比重。随着技术的进步和经济的发展，新能源和可再生能源的作用将越来越大，并最终替代常规能源成为能源主角。国际能源机构的研究资料表明，在大力鼓励可再生能源进入能源市场的前提下，到2020年，新的可再生能源（即不包括传统生物质能和大水电）将占全球能源消费的20%，可再生能源总的比例将达30%。可以利用的可再生能源主要有如下几类。

（一）生物质能

生物质能是由植物的光合作用固定于地球上的太阳能，它一直是人类赖以生存的重要能源，仅次于煤炭、石油和天然气而居于世界能源消费总量第四位，在整个能源系统中占有重要地位，具有储量大、种类及利用形式多样、节能环保的特点。初步估算，我国每年可利用生物质能源总量约5亿吨标准煤。

我国以前利用生物质能的主要方式是利用生物质能直接燃烧来进行炊事和取暖，随着生物质能利用技术的发展，生物质能将逐渐过渡到更高的利用层次。生物质能利用的优先领域包括秸秆能源利用、有机垃圾处理、能源化工业有机废渣与废水处理及能源化生物质液体燃料。目前，我国生物质能转换技术发展方向是改进和完善大中型沼气工程技术和生物质气化供气技术。以厌氧消化为核心技术、以废弃物资源化利用为目的大中型沼气工程已成为处理、利用禽畜粪便和工业有机废水最为有效的手段之一。到2010年年底，据有关部门不完全统计，已有大中小型沼气工程7.3032万处，其中，大型沼气工程4963处、中型沼气工程22 795处、小型沼气工程45 259处；已有生活污水处理沼气工程19.16万处、农村户用沼气池3850万户。有近4000万户的1.5亿人受益。目前，年产沼气总量142.6亿立方米，折合标准煤2500万吨，可减排二氧化碳5000多万吨。当前，已形成户用沼气、小型联户沼气、小型沼气工程、中型沼气工程、大型沼气工程和特大型沼气工程全面发展的局面。沼气工程应用领域也由前几年的粪污治理、工厂废水治理、生活污水治理发展到现在的秸秆沼气化处理、城市生活垃圾沼气化处理等多元领域；沼气能源的应用也从居民生活

用气、沼气发电领域发展到净化压缩用做汽车燃料等高值利用。从事沼气工程设计、施工、设备制造、运营管理的企业近5000家，有规模的知名企业约有30多家，从业人员近2万人（于正茂，2012）。我国沼气工程厌氧消化成套技术已日趋成熟，可根据原料特性的差异，进行沼气工程全套设计和施工，而且投资相对较小，运行费用较低。秸秆气化集中供气、发电技术主要用于解决农作物秸秆的资源化利用。目前，秸秆气化的燃气主要用于民用炊事，但从发展方向看，更有效的选择是用于发电，为农村提供分散的、更洁净和方便的终端能源。如果将官方统计的有机废弃物全部通过厌氧消化技术转化成沼气，每年约产3519亿立方米，假设只用其中的1/4，然后再将其50%的甲烷提纯后，每年约产440亿立方米的生物天然气。在美国，生物质能发电的总装机容量已超过1000万千瓦，单机容量达1万～2.5万千瓦；在我国，生物质能气化发电技术和设备也已经得到了开发和示范应用。生物质能的利用不仅可以直接改善城市能源结构（如处理有机废水），而且能通过为农村提供部分燃气和电力而间接地缓解城市供能压力，也有利于城市能源结构的改善。

（二）太阳能

太阳能取之不尽、用之不竭，不污染环境。在世界性能源危机和环境污染日益严重的情况下，开发利用太阳能具有重要意义。目前，人类已把太阳能用于生产及生活的各个方面，如太阳能发电、太阳能采暖和制冷、太阳能热水、太阳能干燥、太阳能蒸馏等。

太阳热水器是太阳能热利用产业发展的主要内容之一，近几年来，太阳热水器市场年增长率达到20%～30%（张虎，2004）。国务院新闻办发布的《中国的能源政策（2012）》白皮书提出，“十二五”时期，中国坚持集中开发与分布式利用相结合，推进太阳能多元化利用。到2015年，中国将建成太阳能发电装机容量2100万千瓦以上，将比2011年的300万千瓦提高7倍（周忠祥，2012）。随着城乡居民生活水平的提高，对生活热水需求量将大大增加，太阳热水器使用范围也将逐步由提供生活用热水向商业用水和工农业生产用热水方向发展。太阳能热利用与建筑一体化技术的发展使得太阳能热水供应、空调、采暖工程成本逐渐降低，也将是太阳热水器潜在的巨大市场。另外，太阳能光电转换技术得到进一步发展，太阳能电池的生产和光伏发电系统的应用水平不断提高。目前，太阳能电池已经不再局限于作为小功率电源使用，已扩展到通信、交通、石油、农村电气化及民用等各个不同的应用领域，每年的市场增长率高于20%。截至2011年，中国太阳能发电的装机容量达300万千瓦。

大连地区全年日照时数为2200～2800小时，辐射量平均为5.02亿～5.86亿焦/平方厘米，相当于170～200千克标准煤燃烧所发出的热量，太阳能资源比较丰富，应用前景广阔。

（三）风能

我国风能资源丰富，风力发电是风能利用的主要方式。风力发电在可再生能源发电技术中发电成本最接近常规能源，因而也成为产业化发展最快的清洁能源技术，世界装机容量每年增长超过30%。全球风能理事会发布的《2011年全球风能报告》指出，2011年全球风力发电新装机容量为40.5吉瓦，比2010年增长6%，相应投资额超过500亿欧元。其中，中国、美国、印度所占份额分别为43%、17%和7%。截至2011年年底，全球风力发电装机容量为237.7吉瓦，其中，中国、美国、德国所占份额分别为26.2%、19.7%和12.2%（谭亚波，2012）。

风能利用的风电技术已经相当成熟，目前单机容量500千瓦、600千瓦、750千瓦的风电机组已达到批量商业化生产的水平，成为当前世界风力发电的主力机型。更大型、性能更好的机组也已经被开发出来，并投入生产试运行，如丹麦新建的几个风电场，单机容量都在0.2万千瓦以上。光电科技工业协进会（PIDA）的统计数据显示，中国风力发电从2000年的341兆瓦的累计装机量，成长为2010年的44 733兆瓦；年度新增装机量至2010年更增长至18 927兆瓦，从2005年起的年复合增长率高达100%。2010年，年度新增装机容量与风机产量更是占全球总数的三分之一以上。而2011年的累计装机容量即达52 800兆瓦，排名世界第一，美国则排名第二。

沿海城市风能资源比较丰富，风能密度在200瓦/平方米以上。近期来说，可以做好离网型风力发电技术的普及和推广应用，发展风电能将给城市带来较大的经济、社会效益。

（四）地热能和海洋能

地热能是来自地球深处的可再生热能，目前对地热能的直接利用发展十分迅速，已经广泛应用于工业加工、洗浴、农业温室、农田灌溉、土壤加温、水产养殖等各个方面。随着人民生活水平的不断提高，地热资源在供热采暖和空调制冷方面的应用将更加广泛。

通常海洋能是指依附在海水中的可再生能源，包括潮汐能、波浪能、海洋温差能、海洋盐差能和海流能等。据估计，我国大陆海岸线长达18 000多千米，拥有6500多个大小岛屿，海岛的岸线总长14 000多千米，海域面积达470多万平方千米，海洋能源十分丰富，达5亿多千瓦。而在这5亿多千瓦的海洋能源中，潮汐能资源约占1.1亿千瓦，大部分分布在浙江、福建两省，约占全国总量的81%；沿岸波浪能的总功率为0.7亿千瓦，主要分布在广东、福建、浙江、海南和台湾的附近海域；海流能的蕴藏量为 0.5 亿千瓦，主要分布在浙江、福建等省；海洋温差能约为 1.5 亿千瓦（梁薇薇，2012）。目前来讲，海洋能的利用主要是指对潮汐能的开发利用。据海洋学家计算，如果把全球蕴藏的潮汐能全部转换为电能，其总量是全球总发电量的 1/10，成本是火力发电的 1/8（王鸿雁，2012）。

第二节 实现清洁能源的路径模式

一 政策扶持模式

（一）经济激励模式

经济激励模式是指由政府通过制定或批准执行的各种经济性政策和措施，推动清洁能源产业的发展。这些政策又可分为两类，一类属于激励性经济政策，如各种形式的补贴、价格优惠、税收减免、贴息或低息贷款等；另一类属于惩罚性经济对策和措施，如排污收费制、提高二氧化硫收费标准等手段。

经济激励模式的基本特点是，基于市场机制的作用，通过影响企业经济收益而达到影响企业行为的目的。它的优势是既有一定的强制性，又充分地考虑了利益相关者的意愿和经济利益，因而是一项较理想的政策组合，也是清洁能源行动中被广泛采用的一种政策。

1. 激励性经济政策

1）投资补贴政策

投资补贴，即对投资者进行直接补贴。美国对风力发电投资者曾实行过 15%的投资补贴，但目前已停止。投资补贴在欧盟国家使用较为广泛，如西班牙在对可再生能源电力实施优惠电价的基础上，还对投资成本高的光伏发电项目提供 40%的补贴。从总体上看，对投资者直接补贴可以调动投资者的积极性，扩大产业规模，但缺点是投资补贴与企业经营状况缺乏关联，不能起到刺激企业技术创新、降低成本的作用。

2）价格优惠政策

由于可再生能源产品成本一般高于常规能源产品，所以世界上许多国家都采取了优惠的价格政策。从表现形式上看，价格政策分为以下四种。

（1）固定价格。政府明确规定该类能源产品的市场价格。欧盟一些国家（如德国）直接对风电、光伏发电及生物质发电制定了低于常规能源发电的单一价格。固定价格政策是政府推动可再生能源产业化意愿的直接表达。

（2）浮动价格。以常规能源价格为参照系，针对可再生能源制定合适的浮动比例。例如，西班牙规定可再生能源电价为常规电力价格的 80%～90%。美国《能源政策法》中规定，公用电力公司必须以“可避免成本”收购可再生能源电量。同时，在美国的一些州还采取按净用量收费的办法。

（3）配额制下的市场价格。例如，2002 年英国实施的《新可再生能源公约》，要求电力供应商必须购买一定比例的可再生能源电力，同时建立了可再生能源交易制度和市场。丹麦 1999 年废止了一度实行的固定电价政策（将风电价格规定为零售电价的 85%），转而实行可再生能源配额制。在丹麦，证书交易 2003 年占电力零售的 20%，2030 年预计占电力消费的 50%，对零售商设立 3 个月宽限期，仍未达标者缴纳税款。澳大利亚自然资源丰富，配额制实施中最关键的是确定了在资源和技术方面合格的可再生能源，并制定到 2020 年可再生能源发电量占发电总量的 20%，此外采取了绿色交易证书，设立政府监管机构，对交易证书实施监管，对于不达标的处罚为 40 澳元/兆瓦，有力地保证了配额目标的实现。20 世纪 90 年代末，美国州一级开始实行可再生能源配额制政策，到 2008 年 8 月，已经有 32 个州及哥伦比亚特区实施了配额政策（孙慧娟等，2012）。

（4）绿色能源价格。主要是发挥最终用户的积极性，激发公民的环保意识来促进可再生能源的发展。世界上多个发达国家都将绿色电力视为区别于常规电力的商品在市场销售，形成用户自愿购买为基础的绿色电力市场机制。

比较上述价格政策，强制配额制下的市场价格更偏重市场作用，而固定价格是把政府推动与市场机制结合起来，绿色能源价格则是强调发挥公众环保意识的作用。固定价格强制购买政策的实施，能迅速地扩大可再生能源市场，直接促进可再行能源产业的发展和技术进步，使可再生能源的成本下降，价格更接近常规一次能源的价格。实施强制购买制度的欧洲国家，其可再生能源的发展速度都比实施强制配额制度的国家快得多。

3）税收减免政策

可再生能源实行税收优惠政策，如减免关税、减免形成固定资产税、减免增值税和所得税（企业所得税和个人收入税）等。由于减免税收不需要政府拿出大量资金进行补贴，只是减少政府的一部分财政收入，尤其是在目前可再生能源产业规模较小的情况下，不会对全国的税收结构产生影响，因而易于实施。印度政府对风电的产业支持政策中规定，电量销售的前 5 年免税，对风机制造和叶片生产所需部件及原材料减免关税，对发电机制造所需的部件免征消费税。巴西早在 1982 年就开始对乙醇燃料汽车减征 5%的工业产品税，对使用乙醇燃料的残疾人交通工具和出租车免征工业产品税，部分州政府还对乙醇燃料汽车减征 1%的增值税，在乙醇燃料汽车销售不旺时还曾全免增值税。

由于一些税种（如增值税、所得税）不计入生产成本（关税、消费税等例外），在实行税收优惠时，只影响企业产品的销售价格和企业的利润，而在鼓励企业改进生产制造技术、提高效率、降低成本方面没有直接作用，因此存在这样的问题：有些可再生能源在产业化后，一旦税收优惠取消，企业也生存不下去了。在美国，对太阳能热水器生产和销售的税收减免政策取消后，太阳能热水器销售量和生产企业数量都出现了锐减。

4）金融贷款政策

（1）低息贷款和信贷担保。由于可再生能源产业所需投资规模巨大，政府提供的低息贷款和信贷担保将发挥重要作用。例如，日本政府对住宅安装太阳能系统给予低息贷款，贷款年利率为3.9%，偿还期分别为5年和10年。美国能源部为促进私人企业开发利用地热和生物质能，为地热利用和生物质制取乙醇项目提供贷款担保。

（2）出口信贷。出口国为了支持本国产品的出口，增强国际竞争力，在政府的支持下，由本国专业银行或商业银行向本国出口商或外国进口商提供较市场利率略低的贷款，以解决买方支付进口商品的资金需要。根据贷款对象，出口信贷可以分为买方信贷和卖方信贷。例如，丹麦、荷兰以此推动风机产品出口，西班牙、日本利用项目援助推动太阳能发电产品出口。

（3）风险投资基金。风险投资基金最早产生于20世纪四五十年代的美国，近年来成为高科技项目的重要资金来源。经过多年发展，风险投资基金有了自身完备的商业运作模式，可再生能源的巨大发展潜力也开始吸引国际风险投资基金。风险投资基金的引入有助于使对可再生能源的投资从依靠政府向市场主导转变。

低息（或贴息）贷款、出口信贷可以减轻可再生能源生产企业还本付息的负担，有利于降低生产成本，但缺点是贷款数量越大，贴息量也越大，因此各国的实施规模相对都较小。尽管风险投资基金筹资能力强，但却具有短期逐利性的特点，而对可再生能源的投资是长期投资，所以风险投资基金的发挥空间有限。

2. 惩罚性经济政策

对能源资源的过度消耗和污染排放实施强制性税收。各国的实践证明，这类政策，尤其是高标准、高强度的收费政策，不仅能起到鼓励企业节约和回收利用能源资源的作用，还能促使企业采用先进技术，提高技术水平。

（二）强制市场准入模式

通过立法，制定配套法规或条例，从法律上保证可再生能源的发展，这是目前在可再生能源发展方面领先的国家的共同做法。巴西在20世纪70年代就开始实施以甘蔗为原料生产乙醇燃料的替代能源发展战略，通过立法来推动乙醇燃料的产业化，用法律手段保障乙醇燃料和汽车生产商及消费者的利益。1975年，巴西颁布法令，授权石油公司在汽油中按一定比例添加乙醇，1991年再次颁布法令，规定在全国加油站出售的汽油中必须添加20％～24％的乙醇。巴西联邦法律中明确规定，联邦一级的单位购、换轻型公用车时，必须使用包括乙醇燃料车在内的可再生燃料车。

美国在风能、太阳能方面取得世界公认的成就，并在生物质能发电技术上领先，一个重要原因就是这些技术的发展得到国家法律和政策的保护。例如，1978年颁布的《美国公用事业管制政策法》就规定，电力公司必须按“可避免成本”购买热电联产和可再生能源生产的电力。这一政策为可再生能源发电与化石燃料发电的公平竞争创造了条件。1992年颁布的《能源政策法》中，进一步对可再生能源的发展提出了要求，要求到2010年可再生能源提供的能量应比1988年增加75％；同时规定对可再生能源资源的开发利用给予投资税额减免，并授权能源部资助可再生能源的示范和商业化项目。

各国在推动可再生能源产业化方面所制定的强制性法律法规显示出共同特点：既有原则性框架，又有具体配套的政策性条款，根据形势变化和客观实际需要，不断修订和完善。以德国为例，作为长期依赖进口能源的国家，德国为促进可再生能源的开发，于2004年8月对2000年颁布的《可再生能源法》进行了修订。修订后的《可再生能源法》规定，对发展可再生能源给予政府补贴，还规定电力公司必须无条件地以政府制定的保护价购买可再生能源生产的电力，为投资太阳能、风能、水利、生物质能和地热提供了更为可靠的法律保障。

（三）配额制模式

可再生能源配额制（renewable portfolio standard，RPS）是政府为培育可再生能源市场、使可再生能源发电量达到一个有保障的最低水平而采用的强制性政策手段。可再生能源配额制是一个以数量为基础的政策机制，同固定价格相比，它可以视为一种固定产量比例法，它要求可再生能源发电量在总发电量中占一定的比例；国家通常规定发电商或经营电网的配电商，保证一定比例的电力必须来源于可再生能源发电，其电价则由竞争性的市场决定。配额制为可再生能源提供了一个保护市场。在这个市场中，可再生能源可以互相竞争，寻求最低成本。配额制一般都规定达标责任人，通常还要求所有电力零售供应商必须购买一定比例数量的可再生能源电力，规定未达标的惩罚措施。配额制的优势还在于它是一种框架性政策，容易融合其他政策措施，也可以与强制购买制度配合实施，其配套机制一般有绿色能源证书和绿色能源证书交易系统。

配额制是在可再生能源有一定程度的发育、市场机制较完善的前提下实施的。目前以美国得克萨斯州、加利福尼亚州和澳大利亚的配额制实施最早，也最为成功。此外，英国、丹麦、日本等国也开始引入配额制度。

二 技术推动模式

（一）技术垄断模式

发达国家通常采取的垄断模式有如下几方面。

（1）严格的知识产权保护。国际性知识产权保护制度是增强清洁能源技术垄断不可缺少的因素。从技术垄断方看，知识产权制度的完善可以降低技术溢出的可能性，增强其垄断优势，延长垄断利润的获取期限。

（2）高技术出口管制。技术扩散与政治、文化、军事、生态环境等问题密切相关，世界各国在处理该问题时，往往综合上述因素进行统筹考虑，其结果就是对有些可能对自身技术垄断地位形成威胁的国家进行高技术出口管制。美国海军进修学院客座教授克里斯托夫·莱恩就提出，严格管制重要的先进技术的出口，以防其通过出口许可、建立分公司和合资企业等途径流入中国。

（3）贸易中的技术壁垒。技术壁垒多以技术标准的形式出现，在技术垄断企业的操纵下，发达国家的技术标准成为技术垄断企业要求发展国内市场的结果。例如，欧盟国家清洁能源技术标准分为3个层次，最高为欧盟标准，其次是国家标准，最后是行业或企业标准。就清洁能源技术而言，大多数标准和相应的认证不是强制性的，但在实施的过程中，政府通过一些政策手段鼓励企业达到技术或产品的标准要求，并进行相应的认证。例如，欧盟规定，只有符合欧洲标准体系（Key-Mark）的太阳热水系统才有可能领取政府的补贴，不符合标准和没有技术认证的产品保险公司不予投保，因此不符合标准或未经过认证的产品很难进入市场。

（4）跨国公司。跨国公司是一种特殊的、重要的垄断载体。在全球化背景下，跨国公司是实际的先进技术载体与前沿技术创新者，它们凭借其先进技术在市场竞争中体现出一种技术垄断优势进而形成对市场的垄断。为维护和加强其技术垄断优势，跨国公司在清洁能源技术领域广泛采取技术锁定策略，保密措施十分严密，主要目的就是封锁核心技术、关键技术，防止对华技术溢出。商务部统计数据表明，2011年一季度，外商投资企业引进技术金额为37.0亿美元，同比增长13.1%，占全国技术引进总金额的近七成。国有企业技术引进总额为7.3亿美元，同比下降44.0%，占全国技术引进总金额的13.2%。

(二) 技术扩散模式

通常可采取的扩散模式包括如下几种。

(1) 设立高效、卓越的技术贸易机构。其包括两种类型：第一，国家支持的、从事技术斡旋的中介机构。例如，日本的技术交易所、英国技术集团(BTG)、法国的国家科研成果推广局，以及更多的民间技术交易中介、推广应用组织等机构。第二，以技术扩散为宗旨的实体性联合研究组织。最典型的例子就是德国的费朗霍夫学会，该学会根据企业的需求或未来的发展趋势，组织有关研究开发部门进行技术开发，然后把开发成果转让给企业用户，从而形成现实的生产力。

(2) 通过企业技术经营机制推动技术扩散。西方国家市场经济高度发达，市场体系完备有力，企业技术经营机制成为技术扩散的推进器。所谓技术经营，就是指以市场为导向、以效益为核心、以利润最大化为目标，从事技术的研制、应用和流通，大力发展优势技术，积极购买短缺技术，不断推销先进技术。通过技术生产和不断的输入输出、吐故纳新，使技术在流动中重组和优化。

(3) 铺设高校和科研院所与企业联系的桥梁。在院校内建立技术转让机构，促使科研成果迅速推广使用；政府利用经费赞助手段促使并引导高校等研究机构面向实际选择研究课题；研制全国科技信息数据库，促使企业与研究人员之间互通科技信息需求。

(4) 人员流动。当跨国公司对当地管理人员、技术人员进行培训，这些员工成为当地企业的雇佣人员或自办企业时，可能由此使技术等扩散出去。

三 政府引导模式

(一) 资金引导

要使清洁能源发展成为社会比较普遍的而且占主流地位的能源供应方式，必须要促进其产业化和规模化，其技术成熟并先进，前提要有政府对清洁能源大规模投资的动力。1973 年以前，OECD 中只有少数国家政府资助光伏电池等可再生能源技术的基础研究。此后，各国政府对可再生能源研究开发的拨款急剧增加，1977～1985 年累计达 70 亿美元；1993 年为 7.16 亿美元，占能源研究开发拨款总额的 7.5%。1992 年全球环境与发展大会后，可再生能源研究开发继续保持增强势头，美国政府大幅度增加节能和洁净能源项目预算，1994 年可再生能源研究开发拨款增至 3.47 亿美元。欧盟制订的“研究与技术发展计划”(RTD 计划)，在 1994～1998 年的 4 年间，用于可再生能源研究开发的总费用达到5.8亿欧元。2006年，美国农业部提供2280万美元支持投资可再生能源和节能，其主要用来支持包括生物质（包括厌氧发酵器）、地热、氢能、太阳能、风能和节能技术的进步。2012年2月，美国总统奥巴马向国会提交了总额达3.8万亿美元的2013财年政府预算案，大手笔投向可再生能源领域。根据预算案，政府将向能源部拨款63亿美元，用于清洁能源的研究、开发、示范和部署等活动；向美国高级能源研究计划署拨款5.5亿美元，增加1倍能效优化经费；向美国农业部拨款65亿美元，用于可再生能源和清洁能源发展，创造就业机会，减少能源依赖，提升可再生能源领域的全球竞争力（亮报，2012）。

（二）计划引导

政府通过制订规划和计划，明确可再生能源的发展目标和要求，达到促进和推动可再生能源的发展。1973年美国制订了政府级阳光发电计划，1980年又正式将光伏发电列入公共电力规划，累计投资达8亿多美元。1992年美国政府颁布了一项新的光伏发电计划，要求到2000年太阳电池总产量达到140万千瓦，约相当于目前全世界太阳能电池总用量的10倍。同年美国《能源政策法》明确要求到2010年可再生能源供应量要比1988年增加75%。丹麦提出2000年风力发电量要达到全国总电量的10%。奥地利生物质能开发量要占到全部一次能源需求量的20%。日本政府制订的《新日光计划》（1994～2030年），要求到2010年可再生能源供应量和常规能源的节能量要占能源供应总量的10%，2030年分别达到34%。进入2006年，世界各国政府将清洁能源的开发利用提上议事日程。法国重新开发民用核反应堆以加强法国的能源安全，为“石油后”时期做准备；美国准备推出《先进能源计划》明确“能源自立”目标；日本政府也将出台《新国家能源战略》。2008年10月，联合国环境规划署提出了全球绿色新政的概念。2009年4月初，该机构又公布了《全球绿色新政政策概要》报告，向各国领导人发出呼吁：实施绿色新政，在两年内将全球GDP的1%（约7500亿美元）投入发展风能、太阳能、地热、生物质能等可再生能源（李忠东，2009）。

第六章 实现城市能源生态化供应的指导政策研究

第一节 能源配额制度

在配额制政策中，可再生能源发电的价值分为两部分：一部分是基本部分。它是指可再生能源产生的电能在目前的电力市场条件下具有的价值，与常规能源所发的电能价值相同，这部分价值体现为实际电能交易的成本，受益者是实际的电能消费者；另一部分是可再生能源电力因其环境效益和其他社会效益而具有的价值，这部分价值体现在电能生产过程中可以保持环境清洁方面，受益者则可能是一个国家或一个地区所有的人。

假设可再生能源发电配额制政策规定由电力企业来承担义务，则承担义务的电力企业可采用两种方式来满足自己承担的义务要求：一是自己建设可再生能源发电设施；二是从其他已经完成了规定配额的电力企业手中购买其超额完成“义务量”而获得的绿色证书。这样，可再生能源发电就在两个市场进行交易：一是电能本身的实物交易，二是绿色证书交易。与此相对应，可再生能源电力的价值就通过两种渠道加以兑现：一是电能的实物交易市场，在这个市场上，物理上联网的电能供应者和购买者之间达成交易，交易渠道限于电力供应的物理设施。二是以绿色证书为代表的可再生能源电力的环境和其他社会效益市场，受益者是全社会，其成本应该由社会支付。这部分价值的交易不受电力设施物理连接的限制，交易范围取决于所定义的受益范围。

2001 年，澳大利亚出台的 RPS 要求电力公司每年提交一定数量的可再生能源证书，在 2010 年达到 9500 吉瓦时的国家目标，并于 2006 年提前完成；2009 年澳大利亚再次确立了到 2020 年可再生能源发电量占发电总量 20%的目标。澳大利亚政府还采用了绿色交易证书，设立政府监管机构，对交易证书实施监管，对于不达标处罚为 40 澳元/毫瓦时，有力地保证了配额目标的实现。欧盟委员会于 2007 年 1 月提出了加快转向低碳经济的中期目标，到 2020 年减少 20%的碳排放，可再生能源占消耗能源份额达到 20%，电力领域要用 30%～40%的可再生能源发电。在荷兰，配额目标规定 2010 年可再生能源发电占 5%；2020 年发电比例占 17%，对发电企业给予一定的补贴。在意大利，2003～2010 年每年可再生能源电力占传统能源的 2%，2010 年达到 14%，并规定可再生能源配额对象为年产量要超过 100 兆瓦时的生产商，发电必须入网。在丹麦，2003 年可再生能源发电占电力零售的20%，2030年占电力消费的50%，实施证书交易，对零售商设立3个月宽限期，仍未达标者缴纳税款。

在美国、加拿大和印度，RPS正在推广到地方/省级。截至2010年，美国已有30个州实行RPS，并有5个州设定了可再生能源发展目标。同样，在2004～2005年，印度有5个州颁布了RPS，使印度实行RPS的州达到6个（印度2003年的电力法规定印度的州可自己设定电力占可再生能源的最小份额）。加拿大有三个省在实行RPS（更多其他的省正在制定目标）。上述的大部分RPS要求可再生电力所占份额范围为5%～20%，一般要求于2010～2012年实现。现在大部分RPS的目标都转变成吸引更多的未来投资。有研究表明，美国现有的州立RPS法律要求到2020年增加52吉瓦的可再生能源，这是其现在有的可再生能源的两倍多（谢旭轩等，2012）。

可再生能源配额制与以往激励政策的区别在于，它把过去主要依靠政府财政支持的政策转向政府管制下的市场机制，为大规模发展可再生能源创造了条件。配额制政策用法律手段将个别企业的清洁电力生产的成本分摊到所有的电力产品中，实现了外部成本的内部化，为可再生能源电力与常规化石燃料电力创造了一种公平的市场。同时，绿色证书交易又为企业发展可再生能源带来的环境效益价值的体现创造了一种新的机制。不同电力生产企业靠绿色证书交易体系公平承担了对环境保护的义务。

配额制的优势在于它是一种框架性政策，并且可以与强制购买制度配合实施，其配套机制有绿色能源证书和绿色能源证书交易系统。但由于它是新型政策，缺少经验积累，在实施过程中也暴露出了一些缺点：一是不能很好地处理供需平衡。如果配额的要求低于当地清洁能源的供应，则不仅不会促进可再生能源的发展，反而会起到抑制作用。二是监管不力。没有强制措施，电力供应商就达不到可再生能源电力的配额要求，这就抑制了对可再生能源的投资。

此外，可再生能源配额制一般与包括可交易可再生能源证书政策在内的其他政策结合使用。至少18个国家有证书交易的模式和市场。许多其他规章制度手段，如建筑规范、监管规则和程序及输电途径和定价等，在促进可再生能源发电方面也有重要作用。这些规章制度手段是走向未来可再生能源市场的途径之一，对发展中国家来说更是如此（例如，墨西哥和土耳其正在采取这种手段）。电力部门结构调整、碳排放税、矿物燃料税等方面的政策也会影响可再生能源的经济竞争力。

第二节　固定电价制度

固定电价制度也称强制购电法（feed-in Law），是一个以价格为基础的政策机制。制度要求电网公司有义务以政府定价购买可再生能源发电的全部电量，具有固定电价、强制上网、优先购买、电价分摊等特点。

德国是发达国家中实施强制购电制度的典型。《1998 年能源法》（*Energy Act of 1998*）规定：可再生能源发电在电网容量有限的情况下享有优先入网的特权；如果可再生能源的使用将受到危害，第三方不得入网；安装新的主要由可再生能源供能的供电设施，不需遵循关于许可的规定。《1990 年 12 月 7 日联邦法案》（*Federal Act of 7 December 1990*）规定，能源供应商必须购买将强制进入公共电力网的可再生能源电力。购买的价格是固定的，主要依据“避免成本”制定，即能源供应者自己生产所购买的电力应花费的成本。德国于 2000 年出台了《可再生能源法》，并于 2008 年再次修订了《可再生能源法》，重点促进风电产业的发展（孟卫东等，2009）。

固定电价制度的优势在于，一是价格固定，能给开发商以价格激励，价格设定合理能够促进快速增加投资，适合于产业的初期发展阶段。二是电价简单明了，其管理与操作方便，有利于降低可再生能源项目交易成本。三是附加成本计算简单，可以通过分摊机制加以解决，减轻电网公司收购可再生能源电量带来的财务负担，提高政策实施的可行性。

其弊端表现在：第一，没有要求供电企业可再生能源的生产量，使可再生能源的发展目标具有不确定性；第二，没有充分利用市场机制，不利于最大限度地降低可再生能源价格，优化电源结构和优选电源项目；第三，发展在很大程度上依赖于政府政策的持续性，而不是市场机制，政策可能因人、因事而具有不稳定性。

固定电价制度符合我国可再生能源的发展现状。固定电价制度主要鼓励中小投资者，符合可再生能源分散，能量密度小，适合小规模投资。固定电价制度的稳定价格和强制收购措施基本上能够满足我国可再生能源发展的需要，能够避免东部不愿意为自己没有直接受益的环境改善付出经济上的代价所带来的政策阻力，能在短期内促进西部可再生能源发电达到预期规模。固定电价制度操作简单，执行成本较低，能够较好地与我国现有的电力监管体制和电力环境整合，适用于不要求绝对公平竞争的监管环境。

第三节　招投标制度

招投标制度（NFFO）是由政府发标并管制竞争性招标过程，通过与可再生能源电力供应商签订长期购电协议去实现目标。这种机制通过鼓励多家公司参与投标竞争，不仅可以选择最有能力的公司，而且还能促使电力价格、补贴成本大幅度下降，最大限度地节省可再生能源发电投资。

在20世纪90年代，英国开始使用可再生能源发电的特许权招标制度。现在实行这个制度的国家至少有以下七个：加拿大、中国、法国、印度、爱尔兰、波兰和美国。从2003年到2007年，我国国家发展和改革委员会牵头组织开展的风电特许权项目招投标共完成了五期风电特许权招标，确定了15个风电场特许招投标项目，总计3400兆瓦。现在，第六期招标也正在进行中（杨爽，2011）。

招投标制度的优点，一是在可再生能源发电建设市场引入竞争，通过竞标选择最佳的投资企业，可以用较低的成本保证大规模开发可再生能源。二是政府为购电协议提供有效保证，可以降低投资企业风险，有利于利用大额的国际商业贷款。三是在项目投资、建设和经营过程中，为增加投资获利水平，投资企业想尽办法降低建设和运营成本，采用新技术与装备，提高经营管理水平，从而有利于促进产业的发展。

招投标制度的不足之处在于：首先，中央政府需协调与地方政府关系，大型项目的开发所有权和收益权一般归中央，地方政府没有太大积极性；其次，项目审批程序复杂，排斥了中小投资者的参与，容易造成市场垄断；最后，投资建设竞争存在着资源好的地点被最先开发和间断性开发的问题。

第四节　绿色电价制度

在垄断市场中，电力公司通过开展绿色电价项目，为用户提供可选择的服务，使用可再生能源电力。美国通过绿色电力等认证来推进可再生能源发电市场的发展，获得认证的供电商可以在市场营销中使用绿色电力标志，以吸引特定的用户群选择绿色电力服务。国际上，如北美洲、大洋洲及欧盟等地的市场经济发达国家，都将绿色电力视为区别于常规电力的商品在市场销售，形成以用户自愿购买为基础的绿色电力市场机制（洪水峰，2008）。

截至2011年，在政府的支持促进下，荷兰全国已经有70多万个家庭购买绿色电力，占全国家庭总数的20%，每户人家为购买绿电每千瓦小时要多付2～4欧分，但是政府对传统能源多征税，减少了绿色能源与传统电力的差价（付蓉，2011）。其他有绿色电力零售市场的欧洲国家包括芬兰、德国、瑞士和英国。1998年以来，德国的绿色电力市场一直在平稳地增长。2004年就有60多万消费者购买了约2000吉瓦时的绿色电力。可再生能源认证体系（RECS）建立于20世纪90年代后期，旨在规范和认证可再生能源证书和交易市场，其成员中有18个欧洲国家。到2005年，发放的可再生能源证书累计已达到33 000吉瓦时，其中大约13 000吉瓦时的证书用于绿电交易。

美国估计每年有50万绿色电力消费者，购买电力达到4500吉瓦时。绿色电力购买正式开展时间约为1999年。2004年，美国可再生能源发电至少扩容了2

吉瓦以填补这个市场。联邦政府是绿色电力最大的单一买家：美国空军每年购买的绿色电力就有320吉瓦时。到2004年，34个州中超过600家电力公司已开始提供绿电销售服务，其中大部分公司都是自愿提供该服务的，但是在2001～2003年，美国的5个州颁布法规，要求电力公司为消费者提供绿电产品。2004年，电力公司绿电销售几乎占据了绿色电力销售的一半。许多美国的大公司，从航空航天承包商到天然食品公司，都自愿购买绿色电力产品。这些公司买家包括IBM、Dow、Dupont、Alcoa、Intel、HP、Interface、Johnson & Johnson、Pitney Bowes、Staples、Baxter、FedEx Kinkos、General Motors和Toyota。公共的和非政府的举措也给这些买家带来了便利。美国环境保护局的“绿色电力伙伴关系”在2005年已有600个成员，每年购买绿色电力达到2800吉瓦时。“Green-e”自愿认证项目在建立市场信誉方面也有所助益。自1993年美国一家公用电力公司推出第一个绿色电价项目，允许消费者自愿认购可再生能源电力以来，截至2007年，绿色电价项目已有47个州、850多家电力公司参加，全国绿色电力占总电量的2%左右。截至2008年年底，大约有55万用户参加了绿色电价项目，绿色电价项目的平均价格为1.8美分/千瓦时，价格范围为1.0～8.8美分/千瓦时。每个用户的增量电费大约为5.4美元/月。在日本，至2005年年初，估计有6万绿色电力的消费者。他们都是电力公司的顾客，并通过合作制、社区组织和公共项目等形式自愿为绿色电力贡献力量。日本的绿色电力最初是通过社区义务组织发展起来的。北海道生活俱乐部（Seikatsu Club）是一个消费者合作联盟，它启动了日本第一个绿色电力项目。在联盟成员和大众的义务协助下，联盟和当地电力公司一起收缴电费，并投资可再生能源项目。成员能够购买风电项目的股份，这样产生了第一个“民有”风机。日本其他地区也建立了类似的绿色基金，现在有十个日本电力公司让顾客自己选择是否捐助绿色电力基金，以支持风能和太阳能系统的发展。就在2005年年初，已经有57 000名顾客每月通过缴纳电费自愿捐助绿电基金。

绿色电力购买正在传播到其他国家。中国就是一个例子：2008年1月，上海市经济委员会与发展和改革委员会联合举办“上海市绿色电力认购签约仪式”，这标志着上海自愿认购绿色电力活动正式启动，上海成为发展中国家中率先实施绿色电力机制的城市。由于可再生能源的发电成本远高于常规能源的发电成本，因此，上海把绿色电力的价格确定为每度电比标准电价高0.53元。除了企业认购绿色电力外，今后还将鼓励居民自愿认购绿色电力（赵关良，2008）。

根据报告，2011～2017年，全球可再生能源发电量预计每年平均增长5.8%，到2017年达到6.4万亿千瓦时。其中，受积极的政策目标、电力需求的飙升和充足的财政资源推动，2011～2017年，中国可再生能源发电能力的增长将占到全球增长的40%，其后依次是美国、印度、德国和巴西。2011～2017年，绿色电力预计将较此前七年高出近60%（于海江，2012）。

绿色电价制度之所以能成功，其一，它很容易被理解，用户知道购买的不只是风电，还有清洁空气。其二，用户购买绿色电力有助于提高在公众心目中的形象。其三，用户对于当地电力公司的可再生能源发电项目的信任度、产品的确切性，使得基于社区的市场开发更容易开展。

绿色电价交易的局限性在于，一方面，电网因行政区域的自然分割，供电公司只愿开发当地可再生能源并设计相应的绿色电价制度，致使开发者占据垄断地位而可能出现绿色电价不真实反映成本的问题；另一方面，供电公司没有动力降低成本、提高技术和服务质量。特别是这种方式是以自愿购买为基础，不具有法律约束，因此与公民的素质、社会文化等相关性很大，施行难度较大。

第五节　统一绿色电力市场模式

可再生能源参与区域电力市场竞争的基本条件：①建立较为完善的辅助服务市场或辅助服务补偿机制。这是因为可再生能源发电的间断性特点。②价格机制。可再生能源发电投资成本高，如果对其不实行激励电价机制，可再生能源电力是无法与常规电力竞争的。因此，在实行两部制上网电价的电力市场中，对于可再生能源应该在常规火电机组容量电价的基础上附加一个激励容量电价；在实行单一制上网电价的电力市场，对于可再生能源上网电量，应该在市场平均上网电价的基础上，附加一个激励电价。附加激励电价有两种定价思路：第一，根据可再生能源与常规能源成本差异制定激励电价。第二，根据可再生能源的环境社会效益，在常规火电的容量电价（两部制）或电量电价（单一制）的基础上制定。

可再生能源的统一绿色电力市场模式：基于绿色电价制度的自愿绿色电力市场和基于强制配额制度的绿色电力市场融为一体的绿色电力市场模式，即自愿用户和配额用户均可以参与统一的绿色电力市场交易。市场运作分为两个层次：通过与常规能源电力同平台竞价获得电量受益；电力生产商每生产一定量的绿色电力将得到一份绿色电力证书，国外通常是每1万千瓦时颁发一份绿色证书，绿色电力与常规电力的差价通过绿色证书交易市场获得补偿。

绿色证书交易市场的特征如下。

一 市场主体

由发电商、绿色证书交易市场运营机构、配电公司和用户组成。绿色证书运营机构建立绿色证书交易规则和程序，管理、维护绿色证书交易系统，为主管政府部门提供绿色证书交易系统运营年度报告；发电商向绿色证书监管机构申请认证，绿色电力生产出来以后，按规定制作绿色证书，并向运营机构登记，注册成功的证书可进行市场交易，注册成功的绿色证书可在绿色电力市场交易。在初期，根据输配电网是否分开有以下两种模式：其一，在输配电网没有分开之前，由于电网公司已经用高价购买了发电商生产的电力，结合我国国情，绿色证书的购买者主要是那些有配额任务的常规化石能源发电公司，按其发电容量或发电量的一定比例分配配额指标（图 6-1）；其二，在输配电网分开之后，可以考虑对供电公司和大用户分配一定的配额指标。随着市场的成熟和产业的发展，远期将推广到包括中、小用户（自愿购买）的证书交易（图 6-2），零售市场的发展将有助于绿色证书的市场价格准确反映绿色电力的真实使用价值。

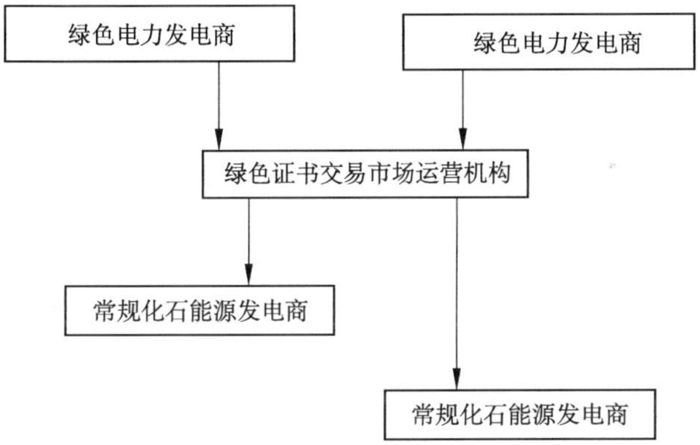

图 6-1 绿色证书购买流程

二 市场准入

发电商提出的申请中将提供生产单位生产所在地点、发电能力、可再生能源种类、生产开始日期和发电商的名称等准确信息。监管机构经确认它们的电力生产是来自可再生能源资源和技术，符合绿色证书制作管理规定的，方可批准进入市场；用户以指定的形式和方式向登记机构提出登记申请，提供要求的信息和文件，包括用户所在的地点、用电总量、加入市场的理由、希望参与交

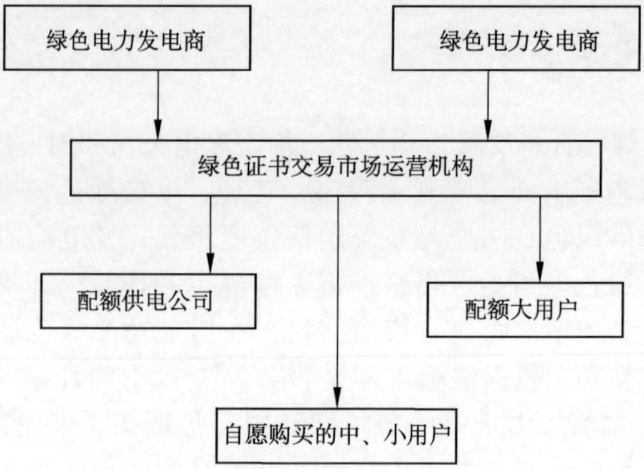

图 6-2 远期绿色证书购买流程

易的期限等，此外有配额任务的用户需提供相关证明，经认证机构审核认可申请。

三 交易机制

交易机制是指现货交易或长期合同交易。现货交易是指发电商、电力公司、用户按规定的格式向市场交易机构提供各自的报价，由证书交易系统进行撮合，形成市场价格，双方确认后，由交易中心进行证书所有权的转让登记；长期合同交易是指通过长期的绿色证书买卖合同进行交易，价格由双方协商或竞价形成，当实际的绿色能源生产出来以后，通过交易中心进行绿色证书的转让登记。

市场的核心是绿色证书交易系统，它的总体功能包括绿色证书管理、绿色证书市场信息发布和绿色证书交易处理 3 个部分。绿色证书管理包括绿色证书授予、转让和注销，保证数据的准确性、安全性；绿色证书市场信息发布，市场参与者能够依据其权限，随时查阅电网和市场运行的有关信息和数据。电力交易中心向市场参与者公开的信息包括绿色电力装机容量、绿色电力预测值、总消费量、交易的历史记录和价格等。绿色证书交易处理，包括数据申报、数据确认和数据下载，并按确定的算法进行交易撮合、交易结算等功能。

四 市场监管

市场监管包括：确定量化的可再生能源发展目标、配额比例的确定原则和配额方案的设定；绿色证书的管理，规定证书的制作时间、发放申报，证书的格式、登记，证书的不当制作和处罚措施等具体事项。

五 市场效益

绿色证书市场模式将无形的绿色电力交易转化为有形的证书交易，绿色证书自由性大、交易灵活、流通性强，有利于形成统一的大市场，竞争机制能够有效地降低成本。

第六节　可再生能源发展基金

新能源与可再生能源一般具有投入大、投资期长、见效慢等特点，尤其是在发展起步阶段，如果没有政府的扶持很难快速形成规模并产业化。政府通过设立基金，以引导产业资本的投入方向、降低企业的成本、完善相关制度等方式来促进新能源与可再生能源的发展，这也是一种政府的经济调控手段。

我国2005年颁布的《可再生能源法》第24条规定，国家财政设立可再生能源发展专项资金，用于支持特定的可再生能源开发利用项目。2006年财政部发布《可再生能源发展专项资金管理暂行办法》。2009年8月24日，全国人大常委会首次审议可再生能源法修正案草案，草案规定：国家设立政府基金性质的可再生能源发展基金，来源包括国家财政年度安排专项资金和征收的可再生能源电价附加等。2011年12月19日，财政部印发《可再生能源发展基金征收管理暂行办法》。据报道，2010年中央投入新能源与可再生能源的发展基金达209亿元，其中，中央预算安排的专项资金109亿元，与2009年相比增长38%；可再生能源电价附加收入100亿元（周兆军，2009）。

一 基金的融资渠道

专项基金的征收渠道一般有三种模式：财政拨款、征收特别税及征收电力附加费。相比而言，电力附加费规模稳定且易被社会接受，因此成为现今西方主要国家如美国、德国等广泛采纳的一种形式。2009年7月9日，美国财政部和能源局联合宣布，将从年初国会批准通过的7870亿美元经济刺激计划中拨付30亿美元设立可再生能源政府专项基金，直接以现金而非税收的方式拨付给符合条件的美国企业。2001年英国开始征收“气候变化税”，并以此税收收入设立碳基金。2006年开始该基金计划在5～8年投资5亿英镑左右的资金用于投资可再生能源项目。2010年5月澳大利亚联邦政府宣布从财政预算中拨付6.52亿美元设立可再生能源政府未来基金，同时另外拨付 2 亿美元作为关键技能培训的投资基金。

二 基金的使用范围

国际上，许多国家把基金的使用范围进行了较为科学的界定。例如，英国碳基金的定位表现在两个方面：一是为企业提供技术、管理等方案以提高能源使用效率，二是直接股权投资，开拓低碳市场。根据《可再生能源法》第 24 条的规定，目前中国可再生能源基金主要以无偿资助或低息贷款等形式用于补偿相关成本支出及支持五类特定的项目。专项基金的适用范围还应向技术研发、推广示范、宣传培训、产业发展推进等方面进行拓展。

三 基金的管理模式

从国外的经验来看，基金管理存在政府管理型、公司管理型、独立的非政府机构管理型、混合型等四种模式。每种模式的制度价值各有优劣。美国专项基金的管理模式囊括了上述的全部模式。而英国碳基金则是公司型，其董事会成员既有政府官员，又有企业代表、学者等。碳基金的经费开支、投资、工作人员的工资奖金等由董事会决定，而政府并不干预。

中国目前采取的是政府管理模式，从目前公布的资料看，财政部、国家发展与改革委员会等政府部门，均设立过新能源与可再生能源项目。可以考虑成立专项基金管理委员会，使其成为国家能源委员会下属经济激励委员会的一个专门委员会。其成员可由财政部、国家能源局、国家发展与改革委员会及相关行业的国家管理职能部门、专家、行业协会及电力公司等企业的代表组成。由该委员会负责专项基金的规划、批准等工作，秘书处负责日常管理等工作，财政部负责基金的使用监督，国家能源局负责组织绩效考核，争议问题由管理委员会最终裁定。

四 基金的存续期限

国外可再生能源基金期限通常在五年以上，对基金的存续期限采纳事先设定，然后对专项基金的实施效果进行评估，以决定是否予以继续征收的办法。例如，美国加利福尼亚州的可再生能源公益基金开始时设定为四年，后由于能源危机又通过法案决定延续十年。根据可再生能源发展基金的性质，从有效激励可再生能源的发展及保障相关主体（如投资者、企业等）的信赖利益的角度来看，存续的期限可明确规定。根据中国发展规划的制订时间及国外的经验，五年的期限是比较可取的时间安排。

第七节　电价定价制度

世界各国的电价定价制度各有不同，有分时电价、季节性电价、阶梯性电价、照顾低收入居民的生命线电价及收取固定底价的表价制电价等定价方式。

一 美国

美国电力企业所有制的构成形式复杂，有私营、联邦营、地方公营和合作社营之分，其电价在各州也各不相同。美国的主要电价模式如下。

（1）分时电价。这种电价模式执行得较普遍。有的电力公司对小用户和中等用户设有分时电价和不分时电价两种方案，以供用户选择；而对大用户则是规定全部采用两个时段的分时电价。有的公司除了在工商业用户中执行三个时段的分时电价外，对居民用户也执行高峰、低谷两个时段的分时电价。这对减少高峰负荷、调荷节电、降低电力成本起到了很好的作用。

（2）季节性电价。很多电力公司都采用了这种计价模式，如对工商业用户和居民用户采用季节性差价，而且差价较大，以正确地反映不同季节的供电成本，减少夏季高峰负荷。

（3）生命线电价。政府对低收入居民特殊照顾的一种电价。对在生命线用电量以下的每户每月用电量，规定一个较低电价；对超过生命线用电量限额的用户，按合理电价收费；再超过某一用电量限额时，按高于合理电价收费。

二 英国

英国目前所采用的电价模式有以下四种。

（1）阶梯式电价。这种电价的计价方式随着用电量的大小而变化。当用电量数量较小的时候，单位电度电价就比较高；当用电量超过一定数量以后，其电价就便宜，这种结构一般分为三段。对用户来说，用电越多，平均支付的单位电度电费就越低。

（2）两部电价制。这种电价的计费由两部分组成，第一部分称为固定费用，固定费用的收取与是否用电或用电量大小无关，对用户只考虑用户所接入的电压等级和用户类型。一般民用电的固定费用大致相当于50千瓦时的电费。第二部分则是电度电价，根据用电量的大小来计算电费，其实这种两部价格结构也被广泛地用于电话和煤气的计费上。现在英国电力用户仍广泛使用这种电价。

(3) 分时电价。一般把一天分为两段，但分的时间不同，有些用户把低谷时间段划成从晚 7 时至次日晨 7 时，这一时间段内的电价大约是日间电价的 70%，而有些用户的低谷时段则是夜 12 时至凌晨 7 时，这一时段内的电费更便宜，大约是日间电价的 35%。

(4) 实时电价。实际上这也属于分时电价。目前英国对一些大的工业用户采取了每半个小时一个电价，电价根据电力系统的生产成本的实时变化（如水库的来水的丰枯变化、负荷水平的高低、机炉的组合方式、线路检修等）而变化。

三 法国

法国的电价是把用户容量和电压等级结合进行分类的，共分为蓝色电价、黄色电价和绿色电价三大类。

蓝色电价适用于容量为 0.3 万～36 万伏安的低压用户，电价结构由年度电费和电量电费构成，并按居民与农业用户、市政和小工业等不同类别分类而制定不同的收费标准，这主要包括简单电价、分时电价、避峰日电价。

黄色电价适用于预定负荷在 3.6 万～250 万伏安的低压用户，按用户的用电时间分设电价，供用户选择。黄色电价在蓝色电价与绿色电价之间起到较好的衔接作用。

绿色电价适用于容量大于 250 万伏安的中压、高压和超高压用户，并由用户预定需量，按照用电季节和用电时间分设电价：冬季实行严冬高峰、严冬正常、严冬低谷、冬季正常和冬季低谷电价，夏季实行夏季正常、夏季低谷和盛夏电价，其中，严冬高峰电价最高，盛夏电价最低。

四 日本

日本的现行电价以社会高福利和推进节能为出发点。其电价制度主要如下所述。

(1) 容量电价制。这种电价是根据客户的每份合同用电设备的容量（瓦数或伏安数），按比例定时缴纳固定电费。此种电价只适用于用电极少，不值得为收取电费而装表和抄表的小用户。

(2) 表价制。用户按其用电量支付电费。为了保证在用户用电量很少或一定时间不用电时也能收回电力的固定成本，表价制规定要向用户收取固定的、按一定用电量算的表底费。

(3) 两部电价制。按合同容量、电流或负荷确定的容量和用电量计算的电量收取电费。日本大多数用户采用两部电价制。

（4）三段电价制。第一段是生活必需用电，电量限为少于 120 千瓦时/月，其电价最低；第二段电量限为 120～200 千瓦时/月，电价约为第一段、第三段电价的平均值；第三段用电为 200 千瓦时/月以上，其电价最高。这一制度反映出用电越多，电费越高，对节能有一定的调节作用。

第七章 城市能源生态化供应的实施案例——以大连为例

第一节 大连能源供应的“十二五”规划目标

一 大连“十二五”规划中的能源战略

大连一次能源资源贫乏，随着近年来能源消费需求的大量增加，全市虽然着力加强能源供应、增加二次能源（电力和煤气）生产和降低能耗，使能源供应从全面紧张到暂时性缓和，但能源供不应求的总趋势对经济长期、快速、可持续发展始终都是制约因素。

大连在本地区的“十二五”规划中制订了针对能源发展的三大战略，即终端用能优质化战略、节能优先战略和发展优势能源产业战略。终端用能优质化战略是要通过建立优质、清洁、高效的能源体系，实现以较低的能源消费增长支持经济的稳步快速发展；改变以煤炭为主的一次能源消费结构，确立未来以优质的一次能源和二次能源为主的能源供应模式，实现用能电气化、燃气化和热力化的能源发展总体目标。节能优先战略主要包括三个方面，一是加强政府的宏观调控职能，依据市场规模进行宏观调控，引导终端能源需求结构，使产业结构朝有利于提高能源效率和环境改善的方向发展；二是创造能源节约项目与其他产业发展平等竞争的环境，解决节能投资的市场阻碍，制定具体可实施的指导性法规、制度、标准，真正实施节能优先政策；三是实施对能源效率和环境保护有重要作用的节能系统工程，推动节能投资市场实现可持续发展，促进节能产业化。发展优势能源产业战略是要将能源工业作为大连工业中极具发展潜力和发展空间的战略性优势产业来发展和培育，通过发展优势能源产业，将大连建设成为东北地区乃至国家重要的能源生产、中转、加工和战略储备基地。

二 大连“十二五”规划中有关能源战略的具体建议

依据大连“十二五”规划中的能源战略规划，大连形成了推行实施能源战略的具体建议。第一，要继续发展核电，确保长期电力供应。规划建设面向全省、全东北地区，装机规模超过 1000 万千瓦的大型核电基地。“十二五”期间大连将继续推进红沿河核电一期工程并计划开工建设二期工程，同时开展三期工程及庄河南尖核电站的前期工作；积极开展黄海沿岸其他核电项目的选址工作，争取在“十二五”期末至“十三五”期间开工建设，为建设大型核电基地奠定基础。第二，利用国家“上大压小”政策，完成大型热电项目的布局和建设，在“十二五”期间大连将积极推进大型热电联产项目建设，形成以热电联产为主，大型锅炉房为辅的集中供热体系。第三，大连电网将逐步建设成以 500 千伏为主干的坚强电网，充分利用先进的通信、信息和控制技术，构建以信息化、自动化、互动化为特征的坚强智能化电网，逐步实现各级电网协调发展，为大连经济社会发展提供保障。第四，“十二五”期间大连要着手推进大连液化天然气项目二期工程的建设，尽快开展推动天然气利用的相关工作，为“十二五”期间加大天然气资源利用率创造条件。第五，依照大连陆上和海上风电规划，逐步开发建设陆上和近海风电项目；利用大连液化天然气接收站项目的天然气资源，建设天然气分布式热电冷联供应示范项目和燃气-蒸汽联合循环机组项目；同时利用国家实施金太阳工程的政策，支持在有条件的区域建设大型太阳能发电项目，并带动相关产业的发展；积极推动余热利用、大型海水热泵等节能环保项目建设；支持在有条件的区域建设适当规模的秸秆发电项目，并继续推进城市垃圾焚烧发电项目的建设；促进大连市海洋潮流、潮汐、波浪能等海洋能开发利用的研究工作；推进石油储备基地建设，提高能源供给可靠性。

第二节　清洁能源发展规律研究

一　发电

城市发电现状如表 7-1 所示。

表 7-1　城市发电现状

技术名称	特点	成本/（美分/千瓦时）	成本走向及降低可能
大水电	电站容量：10 兆～18 000 兆瓦	3～5	稳定
小水电	电站容量：1 兆～10 兆瓦	5～12	稳定
陆地风能	风机功率：1.5 兆～3.5 兆瓦 叶片尺寸：60～100 米	5～9	全球装机容量每翻一番，成本降低 12%～18%，现已降至 1990 年的一半。风机功率相对于 10 年前的 600～800 千瓦亦有较大提升。未来将通过优选风场、改良叶片/电机设计和电子控制设备来降低成本

续表

技术名称	特点	成本（美分/千瓦时）	成本走向及降低可能
近海风能	风机功率：1.5兆～5兆瓦 叶片尺寸：70～125米	10～20	市场依然较小，未来将通过培育市场及改良技术来降低成本
生物质发电	电站容量：1兆～20兆瓦	5～12	稳定
地热发电	电站容量：1兆～100兆瓦 类型：双流式、单闪蒸式、双闪蒸式、自然蒸汽式	4～7	成本从19世纪70年代开始降低。通过先进的勘探技术、低廉的钻井手段和高效的热利用，成本可进一步降低
太阳能光伏（组件）	电池类型及效率 晶体：9%～12% 薄膜：4%～13%	—	全球装机容量每翻一番，成本降低20%，每年约降低5%。2004年由于市场的影响，成本有所提高。未来将通过在材料、设计、工艺、效率和规模等方面做出改进来降低成本
屋顶光伏	峰值功率：2～5千瓦	17～34	由于光伏组件价格降低、逆变器及系统平衡部件的改进，成本持续走低
集中式太阳能发电	电站容量：50兆～500兆瓦（槽式）；10兆～20兆瓦（塔式） 类型：塔式、碟式和槽式	14～18（槽式）	相对19世纪80年代第一座电站的44美分/千瓦时，成本已有所降低。通过扩大规模、改进技术，成本将进一步降低

资料来源：Ren21 Steering Committee（2011）

二 热水/供暖

城市热水/供暖现状如表7-2所示。

表7-2 城市热水/供暖现状

技术名称	特点	成本（美分/千瓦时）	成本走向及降低可能
生物质供暖	电站容量：1～20千瓦	1～6	稳定
太阳能热水/供暖	面积：2～5平方米 类型：真空管/平板 功能：热水/采暖	2～20（家庭） 1～15（中等） 1～8（大型）	基本稳定。因规模效益、新材料应用、集热器面积增大及质量提升，成本会有小幅降低
地热供暖	电站容量：1兆～10兆瓦 类型：热泵、冷却、直接利用、冷却装置	0.5～2	参见地热发电部分

资料来源：Ren21 Steering Committee（2011）

三 生物质燃料

城市生物质燃料现状如表7-3所示。

表 7-3　城市生物质燃料现状

技术名称	特点	成本（美分/千瓦时）	成本走向及降低可能
乙醇	原料：甘蔗、糖用甜菜、谷物、木薯、高粱、小麦（未来将使用纤维素）	30～50 美分/等效汽油升（糖）60～80 美分/等效汽油升（谷物）	在巴西，生产效率的提高使成本有所降低，现价格为 25～30 美分/等效汽油升（甘蔗提炼）。美国价格则稳定于 40～50 美分（谷物提炼）。其他原料则成本更高，最高至 90 美分。来源于纤维素的乙醇将有望降低成本，预计 2010 年后，成本将从今天的 53 美分降至 27 美分。其他原料的成本会略有降低
生物质柴油	原料：大豆、油菜子、棕榈、芥菜子、废弃植物油、动物脂肪	40～80 美分/等效柴油升	2010 年后，以油菜子及大豆为原料的生物质柴油的成本有望降至 35～70 美分/等效柴油升，而以废弃植物油为原料的成本将保持现今的 25 美分

资料来源：Ren21 Steering Committee（2011）

四 农村（离网）能源

农村（离网）能源现状如表 7-4 所示。

表 7-4　农村（离网）能源现状

技术名称	特点	成本/（美分/千瓦时）	成本走向及降低可能
微小水电	电站容量：100～1000 千瓦	5～12	稳定
超小水电	电站容量：1～100 千瓦	7～30	因效率提升，成本稳步小幅走低
极小水电	电站容量：0.1～1 千瓦	20～40	因效率提升，成本稳步小幅走低
沼气池	尺寸：6～8 立方米	n/a	因建造成本及产出结构的变化，成本稳步小幅走低
生物质气化器	功率：20～5000 千瓦	8～12	通过技术改良，成本将可能大幅降低
小风机	风机功率：3～100 千瓦	5～15	技术进步可小幅降低成本
户用风机	风机功率：0.1～3 千瓦	15～35	技术进步可小幅降低成本
乡镇规模小电网	系统功率：10～1000 千瓦 后备系统：蓄电池或柴油机	25～100	随太阳能及风能系统部件价格降低，成本也将降低
户用太阳能光伏系统	系统功率：20～100 瓦	40～60	随太阳能系统部件价格降低，成本也将降低

资料来源：Ren21 Steering Committee（2011）

第三节　大连清洁能源实现路径研究

一 天然气

（一）天然气利用政策

根据中华人民共和国国家发展和改革委员会制定的《天然气利用政策》，大连引入天然气可以借鉴如下路径方案。

1. 城市燃气

（1）城镇（尤其是大中城市）居民炊事、生活热水等用气。

（2）公共服务设施（机场、政府机关、职工食堂、幼儿园、学校、医院、宾馆、酒店、餐饮业、商场、写字楼、火车站、福利院、养老院、港口、码头客运站、汽车客运站等）用气。

（3）天然气汽车（尤其是双燃料汽车及液化天然气汽车），包括城市公交车、出租车、物流配送车、载客汽车、环卫车和载货汽车等以天然气为燃料的运输车辆。

（4）集中式采暖用户（指中心城区、新区的中心地带）。

（5）燃气空调。

（6）分户式采暖用气。

（1）～（5）属于优先类，并且其中的（1）～（3）为大连可以重点引入的项目；（6）可以待技术成熟后考虑引入。

2. 工业燃料

（1）建材、机电、轻纺、石化、冶金等工业领域中可中断的用户。

（2）作为可中断用户的天然气制氢项目。

（3）建材、机电、轻纺、石化、冶金等工业领域中以天然气代油、液化石油气项目。

（4）建材、机电、轻纺、石化、冶金等工业领域中以天然气为燃料的新建项目。

（5）建材、机电、轻纺、石化、冶金等工业领域中环境效益和经济效益较好的以天然气代煤项目。

3. 天然气发电

除了天然气热电联产项目和陕、蒙、晋、皖等 13 个大型煤炭基地所在地区建设基荷燃气发电项目［煤层气（煤矿瓦斯）发电项目除外］以外的天然气发电项目。

4. 天然气化工

除了作为可中断用户的天然气制氢项目以外的天然气制氢项目。

5. 其他用户

（1）天然气分布式能源项目（综合能源利用效率 70%以上，包括与可再生能源的综合利用）。

（2）在内河、湖泊和沿海航运的以天然气（尤其是液化天然气）为燃料的运输船舶（含双燃料和单一天然气燃料运输船舶）。

（3）城镇中具有应急和调峰功能的天然气储存设施。

（4）煤气层（煤气瓦斯）发电项目。

（5）天然气热点联产项目。

（6）用于调峰和储备的小型天然气液化设施。

（二）大连天然气利用原则

1. 提高天然气利用效率

在严格遵循上述天然气利用顺序的基础上，大连应鼓励应用先进技术和设备，最大限度地发挥天然气利用效率。

2. 提高天然气商品率

天然气生产企业要努力提高天然气商品率，增加外供商品气量，通过采取节能措施，加强油田伴生气的回收利用。同时，对油气田生产自用气也应科学合理利用，避免浪费。

3. 利用好工业煤气

要利用好工业生产过程中产生的煤气，禁止煤气放空，造成新的能源浪费。

（三）天然气实现路径的障碍

1. 供给

根据《大连市能源发展“十二五”规划》，大连 2015 年的终端天然气消费量在 263 万吨标煤左右，到 2020 年将达到 532 万吨标煤。而根据大连现有的天然气改造情况，天然气供给和现有燃气管网的改造是主要的瓶颈。

2. 价格

大连管道煤气价格是 1.4 元/立方米。从表 7-5 的天然气价格列表可以看出，绝大多数城市天然气的价格高于 1 元/立方米，一些城市的天然气价格接近 4 元/立方米。可见，应用煤气的价格要低于天然气的价格，这也是大连在清洁燃气方面引入天然气的潜在障碍。

表 7-5 最新全国部分城市管道天然气价格数据（2012 年 6 月统计）

地区	规格、等级	价格/（元/立方米）	采价点
北京	民用	2.05	—
天津	民用	2.20	—
沈阳	民用	3.30	沈阳市煤气公司
鞍山	民用	2.20	鞍山市煤气总公司
吉林	民用	2.20	吉林港华燃气公司
哈尔滨	民用	2.80	哈尔滨市燃气总公司
大庆	民用	1.65	天然气公司
延边	民用	2.70	—
宁波	民用	2.80	—
温州	民用	3.10	华颢燃气有限公司
嘉兴	民用	2.70	嘉兴市燃气公司
滁州	民用	2.2	市局收费科
郑州	民用	2.25	郑州市天然气公司
泉州	民用	3.80	泉州市液化气公司
成都	民用	1.89	成都市燃气有限责任公司
格尔木	民用	1.35	—

注：延边、温州和嘉兴的数据统计时间为 2011 年 11 月

资料来源：国家发展和改革委员会价格监测中心（2012）

（四）大连天然气的实现路径

1. 天然气汽车

发展天然气汽车的主要对象是公共汽车、出租车。目前，我国一些大中城市的汽车尾气排放是城市大气污染的主要源头，因此，发展清洁能源汽车已成为刻不容缓的选择。压缩天然气汽车以其能耗低、污染物排放量小而受到各国的欢迎。发展天然气汽车对于解决环境问题和能源问题都具有重要意义。

许多国家政府颁布了一系列法规并出台了一些鼓励性政策，促进天然气汽车的发展，如制定更严格的汽车尾气排放标准，在天然气供应、汽车购置税费、设备供给、加气站建设等方面给予资金、税收优惠政策。美国联邦政府 1992 年颁布了《能源政策法》，对于购买或改装代用燃料汽车及加气站的建设减免税作出详细规定，同时还颁布了使用天然气的减税政策，并免征天然气公司的汽车燃料销售税。美国有 40 多个州根据联邦政府的政策、法律，制定了该州有关强制和鼓励使用压缩天然气等清洁燃料汽车的政策和措施，推动了压缩天然气汽车的发展和加气站建设。目前，全世界已有 40 多个国家拥有压缩天然气汽车，主要分布在天然气资源丰富的意大利、新西兰、阿根廷、巴西等和环保法规严格的美国、日本等。

20 世纪 80 年代中期，我国引进了部分压缩天然气加气站设备，在四川建立

了我国第一个压缩天然气加气站。1993 年中国石油天然气总公司引进国外有关技术，并于 1996 年将加气站装置和汽车改装部件引进技术国产化、技术标准规范化。1999 年全国清洁汽车行动协调领导小组成立，启动了北京、天津、上海、西安、深圳等 12 个试点城市地区的清洁能源推广应用工作，在压缩天然气汽车的推广应用和加气站建设方面取得了前所未有的成效。截至 2011 年年底，中国天然气汽车保有量超过 100 万辆，已建成 3000 多座天然气加气站。业内专家预计，到 2015 年中国天然气汽车保有量将超过 150 万辆，有潜力成为世界最大、最具成长性的天然气汽车市场。

天然气作为汽车燃料与汽油相比具有以下优点。

1）降低污染，改善大气环境

天然气作为一种清洁能源，具有热值高、效率高、污染小等特点，燃烧比较完全，不易积碳，一氧化碳、氮氧化物和微粒的排放量均低于汽油，排气污染明显降低。机动车尾气是城市大气污染主要来源之一，其中的主要有害成分是一氧化碳、碳氢化合物、一氧化氮和二氧化氮等。有关资料显示，使用天然气作为汽车燃料与汽油作燃料相比可以减少排放 90％的一氧化碳、90％的二氧化硫、72％的碳氢化合物、39％的氮氧化物、24％的二氧化碳，并且无粉尘排放，对改善城市环境有显著作用（彭红涛，2006）。

2）压缩天然气汽车安全性较高

与汽油相比，压缩天然气是相对安全的燃料。天然气爆炸下限为 5％，比汽油（爆炸下限为 1％）高，甲烷燃点为 645°C，比汽油燃点高 218°C，相比不易点燃。甲烷密度低，相对密度为 0.55 左右，泄漏的气体很快会在空气中散发，在自然环境中难以形成遇火爆燃的条件，一旦压缩天然气从储罐或管路中泄漏，泄漏点周围会立即形成低温区，使天然气燃烧困难。因此压缩天然气是安全的汽车燃料。

压缩天然气汽车的钢瓶系高压容器（20 兆帕），其材质及制造、检验试验在各国均有严格的规程控制，在我国有《汽车用压缩天然气钢瓶标准》（GB17258—2011）。

钢瓶安装有防爆设施、减压器、阀门等设备，严密度标准高，供气系统安全可靠，不会因汽车碰撞或翻覆造成失火或爆炸，而汽油汽车的油箱系非压力容器，着火后容易爆炸。

3）有利于缓解能源紧张的供需矛盾

我国经济正处于高速发展阶段，汽车数量以 100 万辆/年以上的速度递增，对汽油资源需求大量增加，我国每年需要进口大量原油、成品油和液化石油气。使用天然气汽车可优化汽车燃料供应结构，改变汽车燃料只有汽油、柴油的格局，既可缓解汽油供应紧张的问题，又可满足交通事业发展的需要。

4）可延长发动机寿命

天然气容易扩散，以气态进入发动机，在发动机中容易和空气均匀混合，燃烧比较完全、干净；可以提高热循环效率，加快燃烧速度，充分利用燃烧热能；同时压缩天然气辛烷值高，抗爆性能好，使用时不需要添加抗爆剂，不会稀释润滑油，因而使发动机气缸内的零件磨损大大减少，使发动机的寿命和润滑油的使用期限大幅度增长。所有这些都会降低汽车的保养和运行费用，从而提高汽车使用的经济性。

5）有较高的经济效益

目前，国内汽油价格持续上升，价格体系已和世界接轨，使用压缩天然气汽车能节省近40%的燃料费用。

压缩天然气汽车和加气站具有广阔的发展前景，主要表现如下所述。

“十一五”期间，新型清洁能源汽车已被列入《国家中长期科学和技术发展规划纲要（2006—2020年）》，国家将继续组织实施涉及各种清洁能源汽车的重大科技项目，重点支持包括天然气汽车在内的整车、零部件等关键技术，将进一步促进天然气汽车的发展。而后，国家发展和改革委员会于2012年出台了《节能与新能源汽车产业发展规划（2012—2020）》，为我国新能源汽车产业的发展指出了前进的方向，可以预见的是新能源汽车在“十二五”期间仍将得到政策的大力扶持。根据我国天然气利用规划，近十年“西气东输”、“陕京二线”等一大批输气管道及沿线城市燃气管道相继建成，我国大规模利用天然气的基础设施逐步完善，天然气加气站也将逐步形成网络。

“十一五”期间大连开工建设了大连液化天然气项目，建成后可实现年供天然气能力42亿立方米。据估计，2015年大连市液化天然气需求约为19亿立方米，2020年为40亿立方米。利用大连液化天然气项目总规模84亿立方米，以及大连—沈阳输气管线连接的其他气源，将充分保障大连地区的用气需求。

这些都为大连市发展天然气汽车提供了能源基础。

2. 民用天然气

从化学理论角度来讲：煤气的主要成分是一氧化碳，天然气的主要成分是甲烷。假设完全燃烧的话，天然气的热值大约是煤气的3倍。从经济学角度来讲：如果天然气使用1立方米，煤气就要使用3立方米。虽然现在天然气的价格高于煤气，但是天然气的效率也高于煤气。从安全角度来讲：煤气的毒性取决于半致死浓度，而天然气的毒性为煤气的20%～30%。因此，天然气相比之下更安全。

在天然气供给量有保证、天然气价格稳定的前提下，大连可以考虑部分民用燃气向天然气过渡。

二 太阳能

（一）产业化路径

在可再生能源中，太阳能发电装置一次性投入大，发电成本相对较高。目前太阳能发电成本大约是生物质发电（沼气发电）的 7～12 倍、风能发电的 6～10 倍，更是传统煤电方式的 11～18 倍。与建筑相结合的光伏并网电站是未来太阳能发电发展的重要方向之一，即光伏建筑一体化（building integrated photovoltaics，BIPV）。

根据《中国统计年鉴（2006）》，大连日照小时数高于全国平均水平，年平均日照小时数为 2500～3000 小时，其中，冬季日照小时数为 450～650 小时，太阳能发电有着比较广阔的前景。随着《辽宁省节约能源条例》的施行，推广太阳能等被写进法规，鼓励采用节能新技术、节能门窗、新型墙体材料，推广利用太阳能、地热等可再生能源。目前，已经形成了太阳能设备产业，辽宁有 120 余户太阳能设备生产经销企业，包括太阳能成套设备、太阳灶、太阳能集热器、太阳能电池板、太阳能热水器及其他太阳能设备生产经销企业。

目前国内太阳能发电成本相对较高的原因主要有以下两个。

（1）太阳能电池是一种将光能直接转换成电能的半导体器件，它的原料硅晶技术只有美国、日本、德国等少数几国掌握。目前，我国 90%以上的太阳能电池原料依靠进口，因此价格高昂，使得太阳能发电的价格很难下降。

（2）要降低太阳能发电的成本就得不断提高光电转换率，而目前的光电转换率一般都在 15%左右，在短时间内很难有大的突破。

就目前而言，大连应利用国家实施金太阳工程的契机，推进该市金太阳太阳能光伏发电示范项目的建设。同时，支持在有条件的区域建设大型太阳能发电项目，并带动相关产业的发展。大连具体应在以下方面加快发展太阳能。

1）太阳能热水器与建筑一体化

我国的太阳能热水器利用仍处在初级阶段，太阳能热水器利用的方向是太阳能热水器与建筑一体化。所谓太阳能与建筑一体化，不是简单的“相加”，而是要通过“相加”整合出一个崭新的方案。也就是说建筑应该从设计开始的时候，就将太阳能系统包含的所有内容作为建筑不可或缺的设计元素加以考虑，巧妙地将太阳能系统的各个部件融入建筑之中，使太阳能系统成为建筑组成不可分割的一部分，而不是让太阳能系统成为建筑的附加构件。

我国的太阳能建筑一体化尚处于研究阶段。大连应加强太阳能热水器的推广，同时向太阳能热水器与建筑一体化方向发展。这是大连利用太阳能最为现实可行的举措。

2）太阳能照明

太阳能照明包括：太阳能住宅照明、太阳能消防应急照明、太阳能公共通道照明、太阳能楼宇对讲供电、太阳能城乡道路照明、太阳能地下车库照明、太阳能大型广告灯箱（内、外打光）、太阳能城市道路路牌照明、太阳能铁路及公路隧道照明、太阳能城市装饰照明等。

太阳能亮化照明技术具有一次性投资、无长期运行费用、安装方便、免维护、使用寿命长等特点，不会对原有植被、环境造成破坏，同时也降低了各项费用，节约能源。我国的太阳能照明系统现在已经成型，技术已经成熟，但由于缺乏政策方面的支持至今难以产业化。太阳能照明的一次性投入较高，需要政府的政策扶持。国内许多城市正在推广太阳能照明技术，像青岛、保定等。

大连对于太阳能的利用应重点推广太阳能照明，太阳能照明的发展可分两步走，第一，在市区道路、公园及一些公共建筑推广太阳能照明；第二步，推广太阳能住宅照明。

3）太阳房

太阳能的热利用是目前建筑中利用太阳能的主要利用形式，它包括被动式和主动式两种形式。被动式太阳能房的结构相对简单、造价低，不需要任何辅助能源，通过建筑方位合理布置和建筑构件的恰当处理，以自然热交换方式来利用太阳能。在目前及今后的很长一段时间内，它是太阳能建筑发展的主流。主动式太阳房结构较为复杂，造价较高，需要用电作为辅助能源。采暖降温系统由太阳集热器、风机、泵、散热器及储热器等组成。

从目前情况看，可在大连市农村地区大规模推广被动式太阳房。

综上所述，大连应重点发展太阳能照明，在农村地区推广被动式太阳房。

（二）制订太阳能发展规划

目前，应重视制订大连太阳能利用的规划，确定全市城市、村庄、居民家庭等各个层面太阳能综合利用的目标和要求。

第一步，典型示范。重点推广市区道路、公园等公共建筑设施太阳能照明。

第二步，政策引导，完善法规。重点推广太阳能住宅照明，发展太阳能照明与建筑一体化，以及农村太阳房住宅的推广。

第三步，产业扶持，技术支持。发展太阳能建筑一体化，包括取暖、供热水、制冷及光伏发电的一体化。

第四步，太阳能利用成为大连旅游新的亮点，太阳能产业成为大连经济新的增长点。

（三）确立相关的行业法规

严格控制城市建设的规划管理，新建公共场所、公共设施及新建居民小区，都要加快应用太阳能产品和技术的步伐。所有新建项目在设计时都要考虑太阳能综合利用的设计内容，新建项目未进行节能审查的不可开工建设，未达到节能建设标准的不能验收。各城乡住宅小区物业管理部门，要努力为居民利用太阳能提供方便条件，不得限制和阻止居民合理利用太阳能。

（四）经济政策引导

设立太阳能发展专项资金。可采取财政补助、环保资金、城建资金和生产太阳能相关产品企业共同出资的方式，设立专项资金，用于支持太阳能发展。企事业单位、住宅小区和用户的太阳能产品推广资金原则上自行解决。要注重用市场经济的思路和办法筹措资金，如可以采用出售广告使用权限的办法推进路灯、重要部位霓虹灯建设。

（五）技术支持

加强与科研院所、高等院校的科研项目合作，结合大连自身条件，开发太阳能利用项目。同时，继续推进长兴岛太阳能（光伏）产业基地、猪岛太阳能电站项目，通过示范作用带动一批太阳能项目的发展。

三 风能

（一）国内外风力发电的经验

1. 国内外风力发电的经验

1）英国

英国能源与气候变化部在2011年发布的《英国可再生能源路线图》中把风能分为陆上风能和海上风能两类，并提出对海上风能成立专门小组进行规划，使海上风电成本到2020年降低至每千瓦时0.1英镑，政府在未来4年提供多达3000万英镑的资金支持海上风电产业供应链的发展，鼓励港口城市建立相关制造厂，协调海上风电发展与海上油田开发之间的矛盾，保证海上风电站所发电能及时并入电网。英国政府曾在能源白皮书中承诺，在2010年前把来自可再生能源的电力占总发电量的比例提高10%，2020年再翻一番。发展风力发电计划是为实现该目标迈出的一大步。为遏制全球变暖，2011年英国政府宣布，已超额完成了自身的温室气体减排目标，碳排放减少了14%。风力发电计划完成后，英国即能完成一半以上的减排目标。英国有着欧洲最好的风力发电资源，又有北海油钻探中积累的近海开发经验，这都将有助于风力发电事业的发展。

2）法国

法国在地理上拥有得天独厚的优势，西临大西洋，众多地区蕴藏着可观的风力资源。此外，法国众多的内陆地区也可以发展陆上风力发电业务，特别是北部和东北部地区、中部的卢瓦尔河谷大区等均蕴藏着巨大的风能潜力。法国的风力发电的发展潜力在欧洲地区的排名仅次于英国而居第二位。2002 年法国的风力发电机装机总容量只有 148 兆瓦，至 2007 年年底，总装机量已达到 2454 兆瓦，2008 年年底的总装机量为 3404 兆瓦，年增长率为 38%。而截止到 2009 年年底，法国的风力发电机装机总容量已经达到 4850 兆瓦，从而成为继德国、西班牙和意大利之后，欧洲第四大风力发电市场。截至目前，法国已经投入使用的风力发电机组基本上属于陆上风力发电项目。此外，法国还建立起多个风力发电开发区（ZDE），以便集中力量和资源、高效地开展风力发电业务（中国国际贸易促进委员会驻法国代表处，2011）。

3）日本

根据日本经济产业省最新计划，到 2030 年，风力、太阳能、水力、生物质能和地热发电将占日本总用电量的 20%，其中风力、太阳能和生物质能发电的市场规模将从 2003 年的 4500 亿日元增长到 3 万亿日元。这将使日本对石油依赖程度明显降低，由现在的 50%降到 40%。在多种可再生能源中，风力发电近年来在日本发展迅速，2002 年为 46 万千瓦，2003 年为 73 万千瓦，2004 年达到 100 万千瓦，位居世界第 3 位。到 2010 年，风力发电将达到 200 万千瓦。

4）加拿大

目前，加拿大全国的风力发电能力是 5265 兆瓦。风能是加拿大发展最快的动力能源，也是魁北克省将来可以发展的环保能源之一。魁北克省天然资源部长哈玛德表示，风力发电场的建成将使魁北克省在利用风能方面处于北美地区的领先地位。

5）中国

截至 2010 年年底，我国具备大型风电场建设能力的开发商超过 20 家，共已建成风电场 800 多个，风电总装机容量（除台湾地区未统计外）4470 万千瓦，超过美国，居世界第一位。预计到 2015 年年底，全国风电总装机规模将达到 1000 万千瓦；到 2020 年年底，全国风电总装机规模将达到 2000 万千瓦。风电规模化发展，使各项技术经济指标进一步提高，风电企业的竞争力和赢利能力明显增强。2020 年以后化石燃料资源减少，火电成本增加，风电具备市场竞争能力，发展更快。在“十二五”期间，根据我国发布的《国民经济和社会发展第十二个五年规划纲要》，我国规划风电新增装机 7000 万千瓦以上。同时，《中国“十二五”可再生能源发展规划和风电发展规划》提出，到2015年中国风电并网装机达到1亿千瓦，建设6个陆上和2个海上及沿海风电基地。到2020年，全国风电总装机规模将达到2亿千瓦。

2. 大连风力发电概况

大连拥有1900多千米海岸线，有发展风力发电的有利条件。目前，大连的风能发电项目多集中于金州区、旅顺口区，少量在瓦房店市和普兰店市。

从自然条件上看，大连是我国为数不多的临海强压型风能丰富区，近海风能资源尤为丰富。

大连的日平均风速情况，见表7-6～表7-8及图7-1和图7-2。

表7-6 2008年大连日平均风速 （单位：米/秒）

城市	全年	1月	2月	3月	4月	5月	6月	7月	8月	9月	10月	11月	12月
大连	2.9	3.1	3	3.2	3	3.1	2.7	2.5	2.4	2.5	2.7	3.1	3.7
瓦房店	2.9	3.2	2.9	3.4	3.1	3.6	3.1	2.7	2.4	2	2.4	2.8	3
金州	2.4	2.6	2.6	2.9	2.8	2.6	2.4	2.4	2.2	2	2.1	2.1	3.6
普兰店	1.9	1.5	1.3	2.1	2.3	2.5	2.6	2.3	1.8	1.5	1.7	1.4	1.7
长海	3.4	3.8	3.6	3.4	3	3.2	2.9	3	2.9	3.2	3.4	4	4.4
庄河	2.4	2.3	2.7	2.8	2.9	3	2.3	2.5	2.1	1.9	2.1	2	1.8
旅顺	3.1	3.1	3.1	3.3	3.1	2.9	2.8	2.5	2.4	2.6	2.9	3.3	4.3

资料来源：《大连统计年鉴》(2009)

表7-7 2009年大连日平均风速 （单位：米/秒）

城市	全年	1月	2月	3月	4月	5月	6月	7月	8月	9月	10月	11月	12月
大连	2.9	3	3	3.4	3	2.7	3.1	2.7	2.2	2.4	3	3.8	3
瓦房店	2.7	2.9	2.5	3.1	3.2	3	2.9	2.7	2	1.9	2.6	3.2	2.6
金州	2.4	2.6	2.4	2.7	2.6	2.4	2.6	2.4	1.8	1.9	2.4	2.9	2.2
普兰店	1.8	1.3	1.4	2.2	2.3	2.1	2.2	2.1	1.6	1.6	1.5	1.7	1.2
长海	3.5	3.5	3.5	4	3.3	2.7	3.1	3	2.7	3.3	4.1	5.2	3.9
庄河	2.3	1.5	1.7	2.8	2.9	2.6	2.6	2.3	2.1	1.9	2.3	2.7	1.8
旅顺	3.2	3.7	3.4	3.5	3.3	3.1	3	2.5	2	2.5	3.1	4.5	3.3

资料来源：《大连统计年鉴》(2010)

表7-8 2010年大连日平均风速 （单位：米/秒）

城市	全年	1月	2月	3月	4月	5月	6月	7月	8月	9月	10月	11月	12月
大连	3	3.5	3.1	3.6	3.2	3.3	2.1	2.7	2.6	2.2	3.2	3.2	3.6
瓦房店	3	3.2	3.2	3.8	3.7	3.7	2.6	2.6	2.1	2.3	2.8	2.8	3.4
金州	2.4	2.8	2.6	2.9	2.8	3	2	2	1.6	1.6	2.1	2.3	2.8
普兰店	1.8	1.9	1.5	2	2.2	2.4	2	2	1.5	1.2	1.5	1.8	1.9
长海	3.9	4.6	4.3	4.5	4.3	3.8	2.6	3	3.2	2.9	4.1	4.9	4.8
庄河	2.4	2.5	2.4	2.8	2.9	3	2	2.3	2	1.5	2.2	2.6	2.3
旅顺	3.3	4	4.1	3.9	3.5	3.6	2.3	2.4	2.3	2.6	3.3	3.5	4.6

资料来源：《大连统计年鉴》(2011)

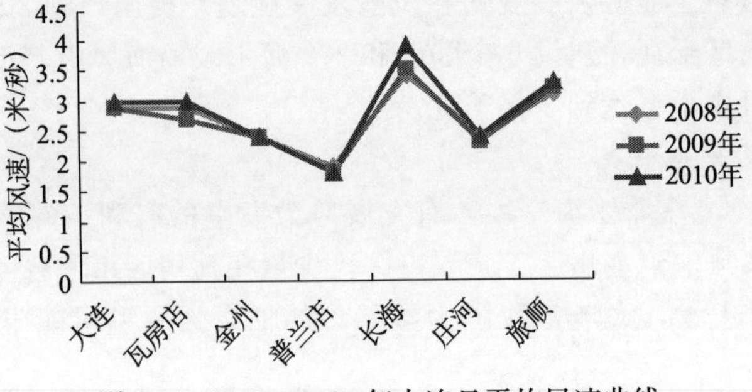

图 7-1　2008～2010 年大连日平均风速曲线

资料来源：《大连统计年鉴》（2009～2011）

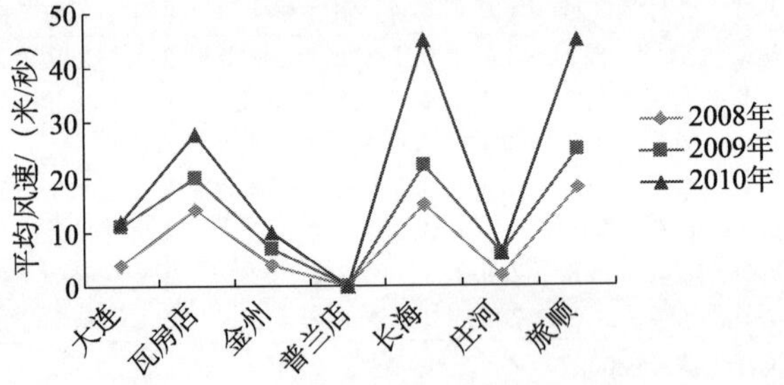

图 7-2　2008～2010 年大连大风日数曲线

资料来源：《大连统计年鉴》（2009～2011）

（二）风能利用规划

为了加快我国风电的发展，在较短时间内使我国风电场设计、风机制造等技术水平再上新台阶，风电场建设成本和上网电价快速降低，结合我国风电发展现状，国家发展和改革委员会制订了《可再生能源发展“十二五”规划》，提出了如下发展目标：到 2015 年，累计并网风电装机达到 1 亿千瓦，年发电量超过 1900 亿千瓦时，其中，海上风电装机达到 500 万千瓦，基本形成完整的、具有国际竞争力的风电装备制造产业。到 2020 年，累计并网风电装机达到 2 亿千瓦，年发电量超过 3900 亿千瓦时，其中，海上风电装机达到 3000 万千瓦，风电成为电力系统的重要电源。

该规划同时指出，按照集中与分散开发并重的原则，继续推进风电的规模化发展，统筹风能资源分布、电力输送和市场消纳，优化开发布局，建立适应风电发展的电力调度和运行机制，提高风电利用效率，增强风电装备制造产业的创新能力和国际竞争力，完善风电标准及产业服务体系，使风电获得越来越大的发展空间。在“三北”（西北、华北北部和东北）和沿海地区地区发挥其资源优势，建设大型和特大型风电场，在其他地区，因地制宜地发展中小型风电场，充分利用各地的风能资源。主要发展目标和建设重点如下。

1. 有序推进大型风电基地建设

结合电力市场、区域电网和电力外送条件，积极有序推进“三北”和沿海地区大型风电基地建设。到 2015 年，形成酒泉、张家口、乌兰察布、锡林郭勒、通辽、赤峰、白城等数个 500 万千瓦以上风电集中开发区域，以及承德、巴彦淖尔、包头、兴安盟、松原、唐山、民勤和大庆、齐齐哈尔等一批 200 万千瓦以上的风电集中开发区域。

2. 加快内陆资源丰富区风电开发

加强“三北”以外内陆地区的风能资源评价和开发建设，加快资源较丰富、电网接入条件好的山西、辽宁、宁夏、云南等地区的风电开发，鼓励因地制宜建设中小型风电项目，就近接入电网，立足本地消纳，使本地区风能资源尽快得到有效利用。

3. 鼓励分散式并网风电开发建设

利用 110 千伏及以下电压等级变电站分布广、离用电负荷近的优势，就近按变电站用电负荷水平接入适当容量的风电机组，并探索与其他分布式能源相结合的发展方式，实现分散的风能资源就近分散利用，使我国中部地区和南方遍布各地的风能资源都能得以利用，为风电发展创造新的市场空间。

4. 积极稳妥推进海上风电开发建设

加快示范项目建设，促进海上风电技术和装备进步。加快开展海上风能资源评价、地质勘察、建设施工等准备工作，积极协调海上风电建设与海域使用、海洋环保、港口交通需要等关系，统筹规划，重点在江苏、上海、河北、山东、辽宁、广东、福建、浙江、广西、海南等沿海省份，因地制宜建设海上风电项目。探索在较深水域、离岸较远海域展开海上风电示范。

近年来，在大力支持可再生能源发展和积极研发重大装备等政策的推动下，我国风电装机容量迅速增长，风电装备制造业快速发展，国内企业基本掌握了大型风电机组核心技术，创新能力不断增强，风电装备产业体系正在逐步形成。但是，过去几年受利润和地方政府的鼓励，风电企业的各类风电项目竟相上马，也造成了风电产能的严重过剩。为此国家发展和改革委员会于 2011 年 5 月出台了《关于印发促进风电装备产业健康有序发展若干意见的通知》，指出我国未来风电产业要走自主创新的道路，推进风电装备产业的国际化和市场化，并要严格控制产能盲目扩张。因此，大连既要促进风力发电的健康发展，也要合理计划并控制风险，避免盲目建设。

根据国家的发展规划和大连的实际情况，制订大连的风能发展规划，如图 7-3 所示。

同时，根据《大连市人民政府办公厅关于印发大连市能源发展“十二五”规划的通知》，大连应利用陆域和近海风能资源条件，充分考虑大连全域城市化发展的要求，协调好风电场建设与城市规划、产业发展规划、海洋及岸线利用、

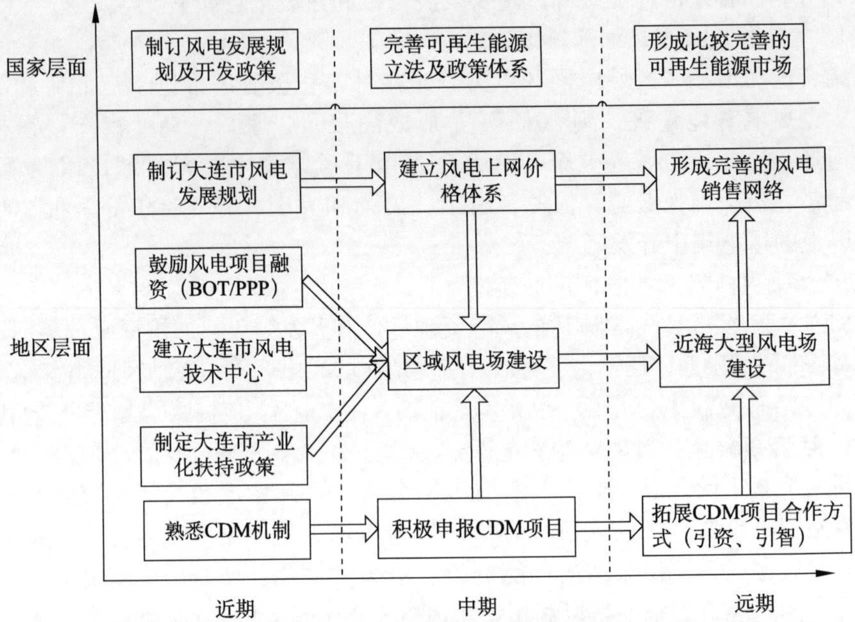

图 7-3　大连市发展风能的规划

交通运输及生态环境保护的关系，依照大连市陆上和海上风电规划，逐步开发建设陆上和近海风电项目。

（1）陆上风电场。“十二五”期间，在严格控制建设条件、加强生态环境保护的条件下，按照规划，重点开发建设瓦房店市、长兴岛临港工业园区和旅顺口区区域的陆上风电场，总装机规模约 127 千瓦。

（2）近海风电场。通过编制大连市近海风电场开发建设规划，落实近海风电资源和建设条件，通过 20 万～30 万千瓦大型近海风电场示范项目的建设，逐步滚动开发黄海沿岸花园口及庄河的近海风电场，规划到“十二五”期末至“十三五”期间开发建设规模达到 200 万～300 万千瓦。

（三）引入清洁发展机制

清洁发展机制（CDM）是在《京都议定书》第 12 条款中所确定的，由发展中国家参与的一种新的国际合作机制。CDM 有两个主要目的：一是帮助发达国家实现二氧化碳减排义务；二是促进发展中国家可持续发展。

CDM 允许由发达国家提供资金和技术援助，在发展中国家境内共同实施有助于缓解气候变化的减排项目，由此获得经过公证的减排量，作为其遵守《京都议定书》规定的定量化限控和减排承诺的一部分。一般来说，风电项目的初始投资比较大，引入 CDM 机制不仅能引进资金，解决融资问题，还有助于提高国内技术水平，促进大连风电的发展和投资。CDM 项目的审批程序见图 7-4。

表 7-9 是 2012 年 9 月 13 日到 12 月 7 日国家发展和改革委员会审批通过的部分风电建设项目，通过引入 CDM，这些地区的风电场建设项目均获得了大量的国外资金支持。这个渠道是大连发展风电最为有利的一个方式，可以同时获取建设资金和技术的支持。

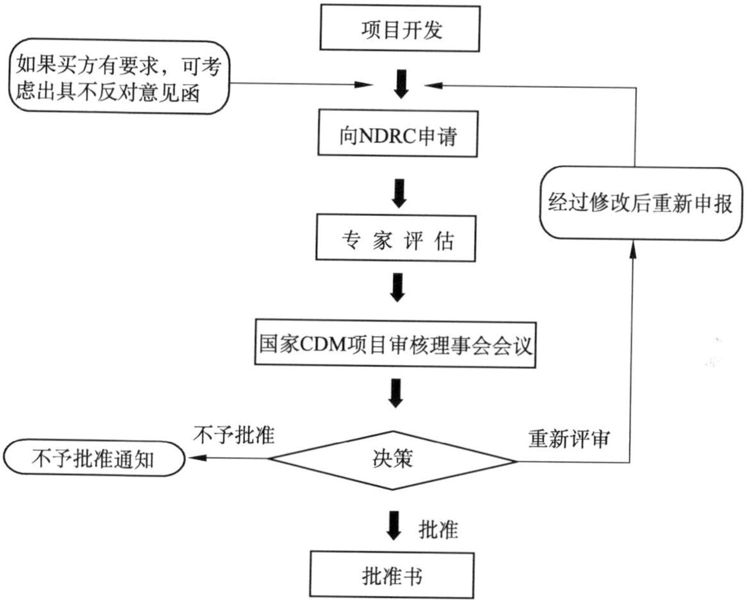

图 7-4 CDM 项目审批程序

表 7-9 国家发展和改革委员会 2012 年 9 月 13 日到 12 月 7 日审批的部分 CDM 风电项目

序号	项目名称	GHG 减排类型	项目业主	国外合作方	估计年减排量/吨标准煤
1	协合宿州埇桥符离风电场项目	新能源和可再生能源	宿州协合风力发电有限公司	单边项目	68 143
2	陕西华电靖边王渠则风电场一期项目	新能源和可再生能源	陕西华电风力发电有限公司	瑞碳交易有限公司	82 528
3	新疆晋商风祥达坂城风电场一期 49.5 兆瓦风电项目	新能源和可再生能源	新疆晋商风祥能源投资有限公司	Q. C. A. AG Arcadia Energy (Suisse) S. A.	111 284
4	宁夏电投灵武风电场一期 49.5 兆瓦项目	新能源和可再生能源	宁夏电投灵武风力发电有限公司	丸红株式会社	86 693
5	大理白族自治州祥云县白鹤厂风电项目	新能源和可再生能源	华能澜沧江新能源有限公司	Vitol S. A.	85 470

资料来源：国家发改委气候司（2012）

（四）风电价格市场

国外风力发电迅速发展的一个重要原因是其建立了一套完善的可再生能源政策体系和价格体系。国外对于风力发电有电价补偿的机制。虽然目前国内有的省市也有相关的优惠措施，但国家并没有明确的政策和标准支持。尽管如此，对国外拥有高新技术的风能企业来说，中国仍是不可忽视的市场。当前，最重要的是我国要尽快制定明确的法律法规，使风场规划与建设有法可依。例如，德国政府颁布了《再生能源法》，使风电的价格与风场的风力状况连在一起。风场运营头几年所产风电价格大约只相当于 0.67 元/千瓦时，这就是一些平均风速不高的风能（约为 6 米/秒）也能得到开发的原因。

大连发展风能的一个良好途径就是在发达国家厂商的帮助下引进并消化、吸收相关的技术，这其中包括风能测量、风场设计、资金筹措、风力发电机的生产、风场建设、风场管理等。另一个途径是拓宽融资渠道，引入 BOT/PPP 等项目融资方式建设风力发电项目。

（五）产业化与地区性技术扶持

近期，可以集中精力在旅顺、金州等地区做好离网型风力发电技术的普及和推广应用，同时给予产业和税收政策上的支持。在此基础上，大力扶持大连本地的风电制造企业，形成技术引进—吸收—制造—应用—维护保养的产业链条，由制造端和消费端共同形成大连市风电项目的区位优势。

远期，随着风电成本的进一步下降及电网的建设改造，大连可以利用沿海的岛屿优势，建设大型并网近海风电场，促进风能的产业化发展，并为城市带来生态经济效益。

四 其他清洁能源

（一）生物质能

生物质能是由植物光合作用固定在地球上的太阳能，经过提取加工后，生产出能替代化石能源的燃料性油料物质。生物质能有着广阔的应用前景，使用秸秆和剩饭或其他生物质作为原料发酵产生乙醇；用动物粪便或污水处理后的污泥通过需氧和厌氧过程生产甲烷和化肥；发电机利用甲烷产生电能；作为燃料电池的直接输入或用于生成氢气。

垃圾发电也是生物质发电的重要项目。作为有着 740 多万人的大都市，沈阳垃圾年产量至少在 300 万吨以上，如果将垃圾中的 70%进行发酵制气，每年可发电 2 亿千瓦时，同时可生产大量高效堆肥。2006 年，作为沈阳第一个清洁能源项目，沈阳老虎冲垃圾处理厂建设垃圾填埋沼气发电项目，收集垃圾中有机物填埋产生的沼气，一部分作为燃料，一部分用来发电，可供沈阳 3 万多户居民日常生活用电。

作为全国第一个资源枯竭型城市经济转型试点市，阜新在煤矸石、煤层气等新能源上做起转型“大文章”。阜新目前煤矸石堆积存量达 8 亿吨，形成 23 座矸石山，占去 4 万多亩土地，并且每年继续以 400 万吨增量积存。阜新矿业集团公司煤矸石热电厂扩建工程每年可增加发电量 1.5 亿千瓦时，消耗煤矸石达到 80 万吨左右，同时可为城南、高德等地居民供热。目前，依托煤层气，阜新每年不仅可以提供大量的电力，还可为 4000 台出租车提供燃气。

同处辽西北的朝阳市则努力打造辽西能源基地。该市利用甜高粱秸秆制取乙醇现已列入国家“863”高科技研究开发计划，辽宁省也初步将朝阳市确定为甜高粱乙醇生产基地。建设三家工业园区利用玉米、高粱秸秆生产乙醇，该项目计划投资 10.4 亿元，年加工消耗农作物秸秆 100 万～150 万吨，年产乙醇 20 万吨，年销售收入 15 亿元，创利税 3 亿元。

目前大连毛茔子垃圾焚烧发电厂已于 2012 年 7 月 9 日投产，在“十二五”期间大连应依据国家鼓励发展生物质燃料发电项目的有关政策，在《大连市农作物秸秆综合利用规划工作方案》指导下，支持在有条件的区域建设适当规模的秸秆发电项目；同时在城市规划的指导下，继续推进城市垃圾焚烧发电项目的建设。近期大连应重点对城市垃圾的特性加以分析，重视源头的分拣，为后续的垃圾处理奠定基础；同时，可以有步骤地在农村发展沼气池建设。2010～2020 年，大连应考虑引进国外先进技术，深度利用生物质能。

（二）地热能

海水热泵具有能效高、占地小、无污染、运行费用低等显著特点，具有广阔的应用前景。目前在瑞典等北欧国家，许多地区都建有大型热泵供热站，利用海水或中水作为热源，通过区域管网向用户供热，可节煤 50％～70％。目前，大连的供热市场仍然以燃煤为主，发展新能源和利用再生能源已经成为摆在城市面前的一项重要课题。与瑞典等北欧国家相比，大连同样具有采用热泵技术的自然环境。大连海岸线全长 1906 公里，占全国海岸线的 1/10，是海水热泵技术的理想实施地。大连具有丰富的海水资源，建设取水泵站相对距离较短，具有大量的中水、工业冷却水、烟气废热等资源。热泵等新技术的应用，将加速调整大连以燃煤为主的能源利用结构，实现满足城市需求与环境保护并重的策略。

大连目前正积极扩大海水源热技术的应用范围，加快海水源热泵供热供冷项目的规划和具体实施方案的制订。经过申报和专家评审等程序，大连被国家住房和城乡建设部选为供热体制改革及海水源热泵供热供冷两个项目全国唯一的水源热泵技术规模化应用示范城市。这标志着大连今后有望以海水为能源，进行室内空气的冷热调节。

根据大连市城乡建设委员会初步制订的规划，全市计划在沿海有条件的地区都实行海水源热泵供热供冷，已经确定的初步的项目地点为：塔和湾、龙王塘、小平岛、星海湾、东港、北海、梭鱼湾、大窑湾、金石滩，金渤海岸、长山岛、獐子岛、长兴岛、皮口、花园口。截至 2011 年年底，大连全市实现水源热泵供热供冷面积 310 万平方米。根据大连能源发展“十二五”规划，大连应在总结星海湾商务区和市地热电集团的大型海水热泵、水源热泵示范项目成功经验的基础上，支持在有条件的区域继续推广采用大型水源热泵、海水热泵等节能环保的供热、供冷方式。

目前，日本的这一技术走在世界前列，在大连开展大规模应用前，应重点加强对工程技术人员的培养，在已有实践的基础上，总结经验，为扩大应用范围打好基础。

（三）质子交换膜氢燃料电池项目

氢燃料电池是一种将氢和氧的化学能通过电极反应直接转换成电能的装置，质子交换膜燃料电池能量转换率高达 60%～80%，使用效率则是普通内燃机的 2～3倍。大连开发区计划与中国科学院大连化学物理研究所合作，引入该套技术研制适用于分散电站、电动车、各种可移动电源、家庭动力源等用途的燃料电池。

2010～2020 年，燃料电池具有广阔的应用前景，大连应该在相关应用领域进行提前部署与筹划，走在推广应用的前列。

第四节　大连能源供应的差距与问题分析

一　资源约束明显，供需矛盾突出

大连能源资源总量比较小，人均拥有量远低于世界平均水平，大连的一次能源供给的外部依赖度大，基本上由外部调入，资源制约突出。与资源约束形成明显对比的是能源消费的快速增长。从近几年的能源供需形势看，能源消费总量越来越大，快速增长的能源供应仍赶不上更快增长的能源需求。能源消费弹性系数出现反弹，“十五”期间为改革开放以来的最高值。目前，大连人均消费水平还很低，且处于工业化、城镇化进程加快的时期。国际经验表明，这一阶段正是能源消耗“倒U型”的上升阶段。随着经济规模的进一步扩大，能源供求矛盾将长期存在，特别是油气供求矛盾十分突出。

二 能源结构不合理

大连的煤炭在常规能源消费中的比例缓慢下降，油气消费结构比例明显上升，一次电力比例上升迅速。尽管近些年来大连能源消费结构有所优化，但清洁能源利用量偏低，仍然属于能源供应消费以煤为主的城市。能源结构长期以煤为主不仅造成清洁能源利用效率低下，经济效益差，特别是高能耗行业经济效益差，产品缺乏竞争力，而且对城市生态环境造成不利影响。

同北京、上海、青岛等城市相比，大连清洁燃气主要为人工煤气和液化石油气。由于大连油矿资源的缺乏，以及天然气运输和储存技术工艺的复杂性，液化天然气的成本仍然不能下降到合理的程度，从而限制了大连大规模应用天然气。

三 能源技术依然落后，能源效率明显偏低

大连能源技术虽然已经取得很大进步，但与发展的要求和国际先进水平相比，还有很大差距。可再生能源、清洁能源、替代能源等技术的开发相对滞后，节能降耗、污染治理等技术的应用还不广泛，煤炭洗选加工、高效燃烧与先进发电、煤炭转化和煤污染控制等技术研究开发不够。

大连能源利用率较低，产品能耗和产值能耗均高于世界发达国家水平，每吨标准煤产生的GDP约为800美元，同期我国平均值为843美元，而世界平均值为1860美元，日本为5580美元，法国为3240美元，美国为3056美元，韩国为1560美元，大连产品能耗和产值能耗与世界先进水平相比存在着巨大的差距（陈尊理和马文辉，2001）。

四 能源供应对环境尚存在负面影响

大连城市煤炭消费占总能源消费的比例较高，相当于世界平均水平的3倍，电力、燃气应用比例较低，致使煤烟型大气污染尚未得到根本解决，目前，大气污染物排放量中，90%的二氧化硫、6%的氮氧化物和85%的二氧化碳来自于煤炭的燃烧。从发达国家的能源消费结构可见，中国等发展中国家的能源发展和消费不尽合理，煤炭消费比例偏高。大连要在21世纪中叶赶超发达国家城市发展水平，要尽快调整能源消费结构，与城市地位和发展目标相匹配。

在能源消耗中，由于燃油价格市场的波动，燃煤仍占主要部分，其燃烧废气使大气中出现粉尘、二氧化硫等污染物。大连市环境保护局（2006）的监测资料显示，大连大气污染呈煤烟-机动车尾气混合型污染特征，冬季采暖期尤甚。

五 可再生能源开发利用程度低，新能源和可再生能源开发不足

目前，大连可再生能源供应主要集中在太阳能、风能、生物质能等方面。但是整体可再生能源的供应量占总能供应的比例非常低。光伏发电及风力发电方面同发达国家的城市相比差距很大。

太阳能的利用主要集中在太阳能热水器的使用，尚未进行其他利用途径的试点建设，如在商业和家庭建筑中采用太阳能（主动式）空间供暖和制冷，以及太阳能发电等技术的研究（沈晟和罗卫红，2002）。

六 电网建设进度与电力市场需求存在一定差距

大连近年来电力建设的突出问题之一是电网建设进度与电力市场的需求存在一定的差距，特别是中、低压供电电网建设与地方经济发展相协调的问题仍比较突出。因此，提高电网建设规划和计划的科学性、准确性、针对性，加大改造与建设力度，提高科技含量，使电网发展与地方经济建设相协调，与电源建设相协调就是大连电网建设下一步亟待解决的课题。

七 能源管理水平尚待提高

除了能源结构和技术方面的问题，大连的能源管理水平也暴露出一定的问题，如能源管理体制与能源发展不协调；能源消费统计数据缺乏，尚未建立起完善的能源统计体系；政府能源管理机构职能不清，各有关部门沟通不畅等，这些现有的管理问题将无法适应越来越高的能源宏观管理要求。

第五节 结构优化方案

一 燃气供应方案

大连的燃气主要包括液化石油气和人工煤气，以及即将引进和使用的天然气。根据大连现有的燃气能源使用和供应情况，结合大连的发展规划，将从短

期、中期、长期三个方面提出大连市燃气供应方案。

(1) 短期。保持大连现有的液化石油气和人工煤气供应量，以满足目前大连城市发展和居民生活的需要。原则上不再建液化石油气和人工煤气生产厂。

(2) 中期。稳定液化石油气和人工煤气的产量，保持并缩减其使用范围，使液化石油气和人工煤气的使用量稳中有降；逐步将天然气应用在采暖、汽车燃料等方面，在清洁能源需求量增大或出现新的需求时，将天然气作为大连主要的可供应能源。

(3) 长期。在保证天然气气源稳定的前提下，逐步用天然气替代液化石油气和人工煤气，增加天然气在城市建设和居民生活用气方面的比例，使大连形成以天然气为主的能源生态化供应模式。

（一）天然气供应方案

天然气既是化工产品的原料气，又是优质燃料气，是理想的清洁燃气气源。目前商品天然气主要是管输天然气、汽车用压缩天然气和液化天然气。大连地区的天然气气源主要来源于陕甘宁气区、俄气南供资源及周边其他气源。其中最先进入大连的是陕甘宁气区资源，可作为大连市短期内天然气气源，到俄气南供工程建成之时，可以在陕甘宁气区资源供应量稳定的基础上，联合俄罗斯天然气作为大连市的主要气源，大连周边油气资源则作为大连城市的补充气源(马国泰等，2004)。

1. 陕甘宁气区资源

陕甘宁盆地（鄂尔多斯盆地）长田气田是中石油的四大气田之一，截至2002年年底，累计探明储量11 831亿立方米，是目前国内探明天然气地质储量最多的气田。1996年为供应北京市场，陕京输气管道开工兴建，1998年正式供气。陕京线西起长庆靖边首站，东至北京市石景山区衙门口末站，管道年最大输气能力为33亿立方米，2003年向北京市供气21.97亿立方米。西气东输管道也经过靖边，陕甘宁气区的天然气也输入西气东输管道。但从2004年开始，长庆气田每年有约120亿立方米天然气需寻找市场，同时，从2005年起，还有28亿立方米天然气从西气东输管道退出，也需寻找新出路，而北京市各季用气、发电等大工业用户用气和双管道安全供气的市场需求与之呼应，陕京二线管道设计能力120亿立方米/年。陕京二线经北京向东延伸至沈阳、大连，是国家振兴东北老工业基地的重点工程，既解决辽宁省能源需求，也为陕甘宁天然气提供了市场。陕京二线管道工程2005年7月正式进气，实现向北京供气，2011年7月正式向沈阳供气。

2. 俄气南供资源

我国引进俄罗斯天然气工程正在积极推进中，中俄能源合作委员会主席会晤在 2013 年 2 月取得重要成果，双方同时确认通过中俄天然气东线管道每年对华供气 380 亿立方米。

中俄天然气东线管道涉及俄罗斯东西伯利亚、远东与萨哈林大陆架的天然气田，以我国东北地区为终点，我国境内从满洲里起，经齐齐哈尔、大庆、哈尔滨、长春、沈阳至大连后出境。预计 2015 年年底管线建成投产送气（新华网，2003）。

3. 周边其他资源

大连周边地区气源有大港、胜利、中原、华北、辽河、吉林、大庆、渤海湾油气田，探明储量分别为：2.848 亿立方米、2.617 亿立方米、22.723 亿立方米、0.33 亿立方米、1.65 亿立方米、0.321 亿立方米、31.146 亿立方米、50.3 亿立方米。渤海西部气田在 1998 年 1 月开始向天津供应 0.1 亿立方米/年（一期）的天然气。另外，大唐国际发电公司在阜新建设年产 40 亿立方米的煤制气计划于 2013 年投运，也将为大连市天然气需求提供有力保障。

4. 液化天然气

大连除主要利用陕甘宁和俄罗斯天然气气源外，港口条件优越，还可以进口液化天然气作为补充气源。

我国为改善东南沿海地区缺少能源的状况，拟在珠江三角洲地区首先试点引进液化天然气。一期规模为：300 万吨/年（折合天然气约 2.49 亿立方米/年），其前期工程已启动。

大连三面环海，建港条件优良。腹地辽阔，是中国东北及内蒙古东部地区对外贸易的口岸。大连液化天然气项目一期已于 2011 年下半年建成供气，将具备每年提供 24 亿立方米天然气的能力。“十二五”期间大连正在推进二期工程的建设，随着用气负荷的增长，大连液化天然气项目的规模将达到年接受液化天然气 600 万吨，年供气能力达到 84 亿立方米。因此在“十二五”期间，要充分利用这一优质资源，加大液化天然气替代燃煤、燃油、其他燃气力度，扩大天然气利用范围，调整能源结构，实现节能减排目标。

（二）天然气使用方案

由于天然气是大连的新兴能源，因此有必要提供适合的天然气用途和使用规划。目前，有关天然气的用途主要集中在采暖、汽车燃料、发电、空调制冷、工业燃料等方面。借鉴其他城市的天然气使用情况，并结合大连实际，对天然气的使用方案应进行阶段性的规划。

（1）短期。发展天然气采暖和作为汽车燃料，在新建小区内试行天然气壁挂式燃气炉供暖。

（2）中长期。逐步利用天然气发电，将天然气应用于工业生产的多方面，以及发展天然气热、电、冷三联产项目。

1. 天然气汽车

天然气汽车的优点较多，主要包括：抗爆震性能高、混合气发火界限宽、有害污染物排放量少、可延长发动机和机油的使用寿命、燃料费用较低、具有良好的安全性、对大气层温室效应影响小等。并且对于现有的汽车设备来说，只需加装相应的储存设备即可使用（江亿，2002）。

借鉴北京公共汽车使用天然气燃料的经验，大连在引进天然气之后，可以首先应用于发达的公交运输业，由政府有关部门行政规划，统一为公共汽车安装天然气燃料装置，实现以天然气为燃料的公交系统。从而改善大连众多公交线路和公共汽车带来的汽车尾气污染问题。同时，逐步改变其他交通工具，如出租车、货车、私家车等的燃料供应方式，使天然气在未来成为大连的主要汽车燃料来源。

2. 天然气采暖（江亿和付林，2001）

陕京二线天然气进入大连后，应着重发展采暖用户，以解决大连因冬季采暖大量燃煤而造成的严重污染大气的问题。为此市政府可以推行无煤区，用天然气等优质燃料替代采暖锅炉房用煤，规定市区天然气供应范围内不准建设燃煤锅炉房等。

为了贯彻上述规定，加快天然气采暖用户的发展，结合目前存在的问题，提出如下建议。

（1）全部免收气源费。由于使用天然气的锅炉需要缴纳气源费，天然气采暖价格较高，加之现在天然气气源充足，应取消气源费。

（2）合理确定气价。为了使天然气和其他燃料相比有较好的竞争性，应合理确定天然气的气价。一般认为，天然气用于工业，其价格应低于柴油，用于汽车燃料应低于汽油，用于民用应低于等热值电价的1/2，高于这个价格就会影响天然气的推广使用。有关部门应进一步核算，合理规定内部收益率，把用户集资建设的固定资产归还用户，以及减少管理费用等，降低气价，并谨慎上调气价。

（3）增加环境治理费。采暖锅炉房燃烧天然气价格为1.8元/立方米，相当于0.05元/千焦；采暖锅炉房烧煤250元/吨，相当于0.012元/千焦，相差约4倍，故用户不愿意改烧天然气，因此应向燃煤的锅炉房增收环境治理费。由于大气污染所造成的疾病，对建筑物的损害及对生态环境的恶化等危害是广泛和深远的，很难用费用来计算；而且由于要把燃煤的排放量达到燃烧天然气的标准水平，对于一些锅炉房来说，不仅治理费用高，而且治理起来也很困难，因此最好的方法是加大行政干预的力度。例如，规定在天然气供应地区内的燃煤锅炉房必须改烧天然气和不再允许新建燃煤的锅炉房及其他用能设施等，以促进采暖用户使用天然气，改变城市以燃煤为主的能源结构，改善城市环境质量。

3. 天然气壁挂式燃气炉供暖

大连新建的城市居民住宅区，应试点采用一家一户天然气壁挂式燃气炉供暖。该采暖炉采用天然气专用磁卡计费，能够解决现行的供暖收费问题与天然气磁卡计费的矛盾。该采暖炉用途灵活，既可供暖，也可提供生活热水，外形尺寸相当于一个电热水器，挂在厨房内占用空间不大；各个房间散热片的管道从地板下连接，房间内可利用面积增大，有利于家具布置。采用天然气壁挂式燃气炉供暖，减少环境污染，符合国家环保政策；无户外热损失，自身热效率高；可根据住户实际情况调节温度，使用方便；其经济效益和社会效益显著，是有发展前景的新的供暖方式（李先瑞，2004）。

4. 天然气用于工业生产

在制造工业中，天然气也有广泛的应用，但天然气取代其他能源，不是简单的燃料替换，而应该是充分利用天然气的特性，通过高新技术开展综合开发利用，这对提升产品质量与附加值、降低成本具有积极作用。

除了熟知的直燃式溴化锂制冷技术、燃气锅炉的应用，天然气在冶金机械行业中可应用于有色金属的溶解、挤压成型、热处理等方面，与传统的电炉相比升温快、产品质量稳定、生产成本低，与电炉相比可降低成本30%，且无运动部件、维修简单、费用低。

在建材行业中，天然气可广泛应用于基础材料生产，如石棉制品、树脂材料、玻璃工业、陶瓷工业等方面，可改变传统生产工艺加热不均匀的缺点，降低废品率，生产成本大幅降低。

对于食品行业，天然气在食品连续烘干、焙烤，冷冻食品连续融化等应用中，结合远红外技术，可使热量辐射的方向性好，有提高热效率、改善操作环境等优点。

在纺织行业烧毛工艺中的燃油烧毛车的燃烧为不完全燃烧，而燃气烧毛车的燃烧为完全燃烧，具有不结炭、热效率高的优点。在印染加工工艺中，结合远红外加热技术，布匹烘干率高、着色好，可生产出有国际竞争力的布匹。

在电子行业中，天然气可用于手机液晶显示屏等具有高科技含量的产品制造，其优点在于节能、提高产品质量。在医药卫生行业中，可用于药物的干燥、废弃物的焚烧。

在涂装行业中，天然气的应用得到一致的公认，如汽车漆膜处理、家用电器、建材所使用的彩钢板从前道的脱脂干燥到烤漆烘干，可减少传统的酸洗等有化学污染的工序，生产成本约为传统工艺的1/3。天然气还可用于环保，对一氧化碳、丙烯酸、甲醇、甲醛、丁酮、甲酮、甲苯、M-二甲苯、苯酚、氨、三甲胺、乙基等有毒有害气体进行处理，可使其处理浓度均低于10^{-6}。随着时间的推移，天然气将在更多领域得到应用。总之，理论上凡加热温度在1200°C以下，均可用天然气作为加热源，通常加热温度可达到900～1000°C。

5. 天然气热、电、冷三联产

天然气热、电、冷三联产系统具有很高的一次能源利用率。对于普通的火力发电系统，一次能源利用率约为40%，而采用天然气热、电、冷三联产系统，一次能源利用率通常可达70%以上。由于能源利用率很高，故天然气冷热电联产系统具有很好的经济效益。天然气热、电、冷三联产系统具有良好的环保性能，可以有效地减少废气排放。另外，天然气热、电、冷三联产系统可以调节冬季和夏季的用电用气量，既可以改善燃气季节性耗气的不均衡状况，也可以缓解用电高峰期间电力的紧张状况，使燃气和电力供应负荷趋向均衡，有利于减少燃气的储气负荷，提高电力负载率。采用天然气热、电、冷三联产系统还可以提高天然气管网利用率，降低相对维护成本（姜云涛等，2004）。

6. 天然气发电

天然气发电具有启动快、运行灵活、调峰方便、运行管理经济等特点。燃气联合循环热电联产技术热效率高，可达80%；同时也是当代世界排放污染最少的发电技术之一，究其原因是燃气轮发电机排放的二氧化碳、二氧化硫、氮氧化合物等废气可控制在较低水平。大连应改变现有的煤气发电厂的发电装置，随着天然气气源的引进和使用，逐步用天然气取代煤气作为发电燃料。

（三）液化石油气供应方案

大连城市的液化石油气气源主要来自本地石化企业——大连石油化工公司和西太平洋石油化工有限公司，部分来自于外埠的大庆、抚顺、锦州、鞍山的炼油厂。

大连石化炼油厂2010年的生产能力达到2050万吨，居全国首位，能生产汽油、煤油、柴油等210多种牌号的石油产品。

大连西太平洋石油化工有限公司，目前加工原油能力为1000万吨/年，主要产品有汽油、柴油、煤油、石脑油、液化石油气等10余个品种，2000年液化石油气年产量约为23.78万吨。

液化石油气等燃气产品产量可满足大连城市需要，但影响城市使用其产品的主要制约因素是价格，液化石油气、石脑油等均是良好化工原料，在市场经济条件下，其流向必然趋向价值（格）更高的化工生产。随着液化石油气用量的增长，液化石油气供应除由国内炼油厂解决外，还将大量进口。

由于大连规划中长期使用天然气作为主要能源，因此对液化石油气以保持现有产量为主，基本能满足大连短期生产的需要，同时不再增加液化石油气的生产。因此，液化石油气的主要供应方案以满足和充分利用现有的产量为目标和要求。

(四) 人工煤气供应方案

大连现有人工煤气生产厂均坐落于中心城区，包括大连煤气公司新厂、大连煤气公司二厂和大化集团煤气厂。

大连煤气公司新厂原计划建设规模为每日70万立方米，一期工程1999年竣工投产，日产气能力为35万立方米。2007年二期工程竣工后，大连煤气公司新厂的日产能力达到110万立方米。大连煤气公司二厂日产气能力为30万立方米。大化集团煤气厂生产煤气14万立方米/天，焦炭（冶金焦）10万～11万吨，煤气供应城市2万立方米/天，余气排向空中，焦炭一半用做制碱，一半外卖。

以上三座人工煤气生产厂的产量是大连城市建设和居民生活的主要燃气气源。但随着大连的整体城市布局和规划，结合天然气的逐步应用，人工煤气的生产和使用量都要进行调整：以大连煤气公司新厂的人工煤气作为城市用能的主要来源；大连煤气公司二厂主要为制氢原料提供干气；大化集团煤气厂随大化集团整体搬迁，已于2009年搬迁改造完毕，届时，大化焦炉煤气将停止生产。“十二五”期间，大连将通过改造大连煤气公司新厂、建设大连煤气公司二厂、改造旧煤气、新建天然气管线等工程，利用5～8年的时间完成全市的天然气置换工作，基本实现天然气化，人工煤气逐步减少，液化石油气也将逐步由城镇转向乡村。

二 煤炭清洁使用方案

考虑到中国目前的实际情况，煤炭在一次能源中的消费比例仍然占主要地位，因此如何清洁地使用煤炭资源将成为我国未来能源供应领域的一大重要问题。同样，对于大连的能源供应来说，既要做好天然气逐步替代煤炭的准备工作，同时，也要研究如何清洁、充分地使用煤炭。

为实现煤炭的清洁利用，首先，应提高燃烧效率；其次，煤炭燃烧过程中要全过程脱硫，减少二氧化硫排放；再次，对煤炭进行洗选加工；最后，加大水煤浆利用。

三 电力结构调整方案

大力发展水电，积极发展核电，降低煤电比例，减少煤炭消耗量。对大连而言，调整清洁燃料构成，在西气东送的管道天然气到达大连时，将天然气优先作为燃料，增加清洁能源比例。将煤炭含硫和含灰比例与能源价格挂钩，实行按质论价，调动煤炭企业开发低硫和低灰煤和入洗动力煤的积极性。

四 可再生能源供应方案

（一）太阳能

大连的太阳年辐射量为 91 300～99 500 千瓦/平方千米，日照率为 66%，太阳能资源相当丰富。目前主要的太阳能利用方案有主动利用和被动利用。

1. 主动利用方案

主动利用的太阳能技术包括太阳能热水器和太阳能电池。

太阳能热水器主要用于居民生活热水供应，随着技术的发展，太阳能热水器的使用范围也将逐步由提供生活用热水向提供商业用热水和工农业生产用热水方向发展。由于太阳能热水器需要的外部设备没有统一标准，影响了建筑的美观性和统一协调性，根据大连城市规划，禁止新建社区安装户外太阳能热水器。因此，应该大力发展太阳能热利用与建筑一体化技术，开发使用新型的能源材料，利用建筑物的墙体、屋顶等部位安装太阳能接收装置，通过建筑内部结构传导太阳能热量。同时，太阳能热利用与建筑一体化技术还能够使太阳能热水供应、空调、采暖工程成本逐渐降低。

2. 被动利用方案

被动利用方案主要指建筑设计时的太阳能利用理念。对于大连新建住宅项目，应在总体设计时考虑利用太阳能。例如，选择季节性植被，夏季枝叶繁茂可以遮挡阳光，避暑降温；冬季枝叶掉落，使得阳光能够充分照射到室内，提高冬季室温。或设计颜色可调的玻璃材料，在不同季节按需要吸收阳光。

（二）风能

大连地处北半球中纬度暖温带气候区内，属于海洋温带大陆性半湿润季风气候。室外风速冬季为平均 5.8 米/秒，夏季为平均 4.3 米/秒，冬季主导风向为平均 7.4 米/秒，可以采用 250 千瓦的风力发电机组发电。

风能的开发利用需要建设风力发电机组，占地较大，由于大连城区内没有提供建设发电机组的场地，因此可在大连开发区、旅顺口区、金州区建设风力发电站，同时在庄河等地建立近海风电场，作为常规电厂的补充，同时，还可以为大连周围海岛提供电力资源。

应根据大连的实际情况及电力消费情况，逐步增加风力发电机组以扩充发电能力。

（三）生物质能

大连应在农村地区大力推行生物质能的应用，主要包括农作物秸秆利用、建设生物垃圾处理厂、食品加工中生物气体再利用等。

农作物秸秆主要用于气化集中供气和发电技术，能够为农村提供分散的、更洁净和方便的终端能源。

建设生物垃圾处理厂，集中处理由居民社区和食品加工企业所产生的生物垃圾。近阶段将着眼于生活垃圾制沼气示范工程的建设，在垃圾处理技术得到成熟可靠的应用之后，再进一步推广应用。

食品企业在加工过程中产生的生物气体可生产再生能源，产生的废物可以发酵生产乙醇，或者进入发酵制沼气过程，这些都可以解决生态工业园内的一部分能源供应。随着开发区食品加工业规模的进一步扩大，可以规划形成利用食品加工产生“废料”的企业，如再生能源生产厂，包括酒精发酵厂和沼气厌氧技术处理厂，也可以将发酵过程中的废热通过热电设备转化成为电能。

第六节　减量化供应方案

减量化原则反映在清洁能源系统中就是整个能源的开发利用过程中的能源节约。清洁能源生态化供应中，能源系统的减量化主要集中在三个环节，分别是能源加工转换、输送分配和需求工艺环节。特别是在城市能源消费部门的能量节约、生态化改造的作用尤为明显。减量化主要通过能源节约率的变化来表示，也就是说引进减量化原则后，能源节约率已经成为能源生态化供应的一个主要量化指标。

一 能源加工转换减量化方案

能源加工转换减量化方案主要指在燃煤发电、热电、燃气等能源的生产过程中，提高能源加工转换效率，节约能源。其中包括煤炭充分燃烧、集中供热等方面。

提高能源转化效率是节能的重要手段，而煤炭充分燃烧时的能源转换效率最高。应该调整燃煤设备和技术，提高煤炭燃烧效率，不但能够提高能源转化效率，而且能够减少煤炭燃烧产生的有害气体，防止环境污染。

集中供热方案指将原有的分散供热的小锅炉替换为在一定区域内使用大型锅炉集中供热。这种供热方式提高了煤炭利用率，可相应减少其二氧化硫排放量，而锅炉容量至少在每小时1000蒸吨以上，才能做到煤炭的高效利用和清洁燃烧。

大连应根据人口分布情况对城市区域的生活供热采取集中供热的方式，减少小锅炉的使用，逐步用大容量的集中式锅炉替代原有的供热锅炉，提高能源利用率、减少环境污染。

二 能源输送分配减量化方案

能源的输送分配过程的减量化是指在能量输送分配过程中减少能量损失，从而节约能源的方案。其主要包括供热管线铺设和城市管网铺设统一规划原则。

大连现有的供热管网往往处于地表以下较浅的位置，在冬季供暖期气温较低的时候，热能在输送过程中能量损失较大，造成居民采暖温度不理想。应该根据大连市冬季气候的变化趋势，改造现有的供热管网，使其符合能量传输需要，降低热量损失。

在大连进行城市管网铺设规划时，应该考虑城市建成区的发展，为城区的扩建合理规划管网铺设方案，使得扩建的城区建筑物的供热、供电输送分配过程能量损失最小。

三 需求工艺减量化方案

需求工艺减量化方案主要是针对需求端的节能计划，包括使用节能设备、普及节能意识、实施节能政策等。

（一）采用新型节能建材

重点发展以粉煤灰、石膏、工业锅炉渣、页岩、水泥、纤维等非黏土资源为原料的空心砖、砌块、轻质板材及其复合墙板。以矿棉、岩棉、玻璃棉、膨胀珍珠岩为主的新型保温、隔热、防火材料。以优质塑钢门窗及复合塑料管道为主的新型化学节能建材，以塑代木，以塑代钢。

（二）兴建小型的能源供应系统

新建企业直接设计安装各种节能高效系统，兴建小型的能源供应系统，避免建设大型能源系统所需要的巨额投资和维护费用，兴建各种可更新能源的基础设施，保证大连对可再生能源的投资。

（三）推广智能型能源利用控制装置

通过计算机控制建筑物内的空调运行，使整个空调系统处于节能状态，采用各种不同采暖系统室内控制调节及分户计量技术与措施，以及供热热源及室外管网系统调节控制技术。

（四）发展低能耗企业

大连应该重点发展高新技术产业，如电子产业、生物工程等。

（五）推广节能型的房屋建筑

采用内外墙体保温节能技术、新型节能型的地热地板低温辐射采暖等技术。改变冬季传统供暖方式，采用低温辐射装置采暖，通过加热建筑物内部地面进而供暖。由于地热地板的辐射面大，其供暖所需的水温比传统的采暖装置水温低 2～4℃。住宅内温度每降低 1℃ 可节约燃料 10%，所以地热地板为节能型采暖。它又实行分户分室控制，房主可根据需要自行调节控制温度，而且可以根据住户在室内或外出的情况，关闭部分供暖面积。热量透过地热地板均匀向上辐射，采暖效果大大优于墙面采暖。

（六）减少建筑过程对能源的消耗

建立完善的建筑能耗指标和建筑能耗评估体系，使用大型建筑机械来节约能源等。

（七）发展能源服务公司

开展能源审计，为目前的建筑和生产过程设计有效的能源系统。

（八）节能意识培育

通过大众传播媒介、出版物和中小学教育等手段，大力加强宣传教育，提高全市的节能意识。要经常性地利用各种宣传工具，开展广泛持久的群众性的节能宣传活动，提高全社会的节能意识和持续发展的环境意识。要举办各种方式的培训班、研讨班，普及节能科学知识。

第七节　再利用供应方案

城市能源系统中的能源再利用就是要实现能源的梯级循环利用。在城市能源生态化供应的概念模型中，主要集中在能源加工转换到终端能源的环节上，通过梯级利用可以极大地提高能源的综合利用效率。就是在一定的技术水平条件下，模型可以采用能源的利用效率这个量化指标（即 η=有效利用能量/供给能量×100%）。典型的应用就是电厂对余热的再次使用，可以用于城市居民供热等其他用能环节，以及在生态工业园内，企业减少废物排放，通过企业共生链将一个企业生产的副产品用做另一企业的原料，形成能源的不断循环，实现价值的增值，并减少最终废料的排放量，减少对生态环境造成的压力。

一 热电联产改造方案

热电联产事业在我国已经过50多年的发展，具有相当的规模，但远远不能满足实际需要，随着大连经济建设的发展，对发电、供热、供冷将有较大的需求。为解决这一问题，应该加强现有热电分产项目的改造。热电联产对比热电分产，具有节约能源、改善环境等特点。热电联产的综合热效率高达60％～75％。节能效益十分显著，同时还减轻了大气污染。

（一）政策调整

大连应限制热电分产项目的建立。对具备热电联产条件的供热、供电企业，一定要上热电联产项目，既要禁止部分企业以热电联产名义建设纯发电机组，只发电，不供热；也要防止具备热电联产条件而只建锅炉房，只供热，不发电，两者都会造成资源浪费。在供热区域内，逐步实行由热电厂以吸收式制冷机供冷，充分利用低品质能源，原则上实现空调不用电，禁止使用对臭氧层有破坏作用的含氟制冷剂。在天然气引进大连之后，根据条件应提倡和推广燃气/蒸汽联合循环分布式热电冷联产。将城市垃圾处理与热电联产相结合，垃圾燃烧产气—发电—供热（冷）或垃圾填埋产气—发电—供热（冷），充分发展资源综合利用。

（二）增加大型供热机组的比重

为了适应工业与民用热负荷的增长，选择单机容量在10万千瓦以上的大型供热机组代替20世纪五六十年代建设的小型供热机组，并加大20万千瓦、30万千瓦大型抽气冷凝两用机组的投入运行。

（三）推广循环流化床锅炉

由于循环流化床锅炉可以燃用劣质燃料，虽然近年来大连的燃料多以优质燃煤为主，但循环流化床锅炉的使用能够在一定程度上降低城市能源成本，更好地利用燃料。

二 热、电、冷联产的试点运行方案

在夏季，热量需求的减少使热电厂大量设备闲置，同时对制冷量的需求的增加使空调电负荷逐年增加，造成夏季电力缺口巨大。因而，综合考虑这些因素，热、电、冷联供系统可以实现能量的逐级利用，提高一次能源利用率，其特点是：冬季，锅炉产生的高品位蒸汽先在汽轮机中做功生产电能，做过功的较低品位蒸汽供给用户；夏季，通过溴化锂吸收式制冷机，能够利用低品位热源制冷的优点，利用已有的管网向用户提供制冷量。这样，既充分利用了现有设备，节省了燃料费用和设备投资，又节约了电能，对背压式汽轮机还增加了发电量，提高了电厂运行效率。

随着工业的发展、人民生活水平的提高和人民居住条件的变化，对空调制冷的需要也日益迫切，通过一个热电系统对一个区域进行工业蒸汽、冬季采暖、生活热水及夏季制冷等能源的支持，并对这一区域提供部分电力，使热电厂的综合效益明显提高。同时，对于减少城市环境污染、减少资源浪费、加强城市功能具有积极的作用。随着我国西部大开发战略的实施和天然气的广泛应用，小型化的燃气区域热、电、冷联产将成为城市现代化发展的重要动力。大连城区可以采用部分区域（尤其是新建生产生活区）热、电、冷联产的形式解决居民生活的能源需要。

第八节　再循环供应方案

再循环主要是针对城市能源供应和消费过程中所产生的副产品和废弃物进行资源化利用。在生态化城市能源供应概念模型中，能源的加工转换环节会产生许多副产品，如含煤粉的洗煤水及粉煤灰等，对这些能源副产品的资源化利用可以减少对城市环境的污染，延伸能源供应链的价值创造过程。另外，城市能源消费部门会产生可以资源化利用的废弃物，如可以用来燃烧供热和发电的高燃值城市垃圾等，这在模型中主要反映在需求部门向能源加工转换提供资源的环节。

一　粉煤灰利用方案

目前，粉煤灰主要用于建材、建工、筑路、回填、农业及资料回收等方面。大连粉煤灰主要用于建材材料，但是现有的粉煤灰量远远超过建筑行业需求量（王鹤增和马振英，1994）。大连应加大粉煤灰的使用范围，为其综合利用提供市场。这里的主要使用方法有：墙体材料、水泥混合材、砼、砂浆掺用粉煤灰、筑路及市政工程、回填造地材料等。其中墙体材料是消纳粉煤灰的大户，粉煤灰加气砼是技术成熟、效益较好的产品，应当首先发挥现有生产粉煤灰加气砼的设备能力，增加品种，扩大应用，增加粉煤灰使用量。筑路及市政工程可利用粉煤灰无机混合料做路基，并在全市市政道路建设全面推广使用。利用粉煤灰作为回填造地材料，可使废砖土坑地重新变成良田，在保护土地资源方面的意义深远。

二 城市垃圾利用方案

目前，大连的垃圾主要通过垃圾处理场来处理，包括垃圾填埋场、垃圾焚烧场和垃圾电厂，应有效利用垃圾处理产生的能源，发展城市垃圾发电与供热的热电联产。

第八章 实现城市能源生态化供应的对策及建议

实现城市能源供应的生态化是一个长期的系统工程，需要国家、地区和城市的共同努力和协调运作，国家应该为项目的实施提供相应的政策支持，地方政府要做好项目实施的组织工作。就我国沿海城市而言，结合前述的能源生态化供应指导原则，可以在能源供应结构优化、能源供应减量化、能源再利用供应、能源再循环供应四个方面采取如下措施。

第一节　结构优化供应对策

一 重视城市能源规划

城市能源规划应该符合该城市能源需求和供应的实际条件，在借鉴发达国家先进做法的同时吸取其教训，依据生态理论指导城市能源规划，与经济发展紧密结合，综合考虑城市的经济发展、社会变化、科技进步与环保因素，协调处理区域发展过程中近期与远期、局部与全局、城市和区域间的关系，从生态经济规律的宏观协调高度，制订出具有战略性、科学性和可行性的城市能源供应规划，在满足城市能源需求的同时实现经济成本与环境成本总和最小，以确保区域经济快速、高效、可持续发展的顺利进行。

二 降低煤炭在能源构成中的比重

要建立与经济发展相适应的能源消费模式，引导企事业单位和家庭使用城市能源；核定各单位各部门燃煤指标，实行限量供应；减免电、气增容费及其他费用，加快以气、电等城市能源替代煤的工作进度。应以能源、环境、经济综合发展，作为制订计划与政策措施和进行管理的依据，从而有利于解决能源、环境和经济领域内的交叉问题，以达到能源、环境、经济发展的综合平衡。

三 大力开发和引进天然气

一要做好天然气消费市场的调查工作，即城内各类天然气用户的调查与预测，主要是对居民生活用气量、商业用气量、工业企业生产用气量、采暖通风和空调用气量、燃气汽车用气量、其他气量的调查与预测。

二要做好管道燃气管网、管材及燃具现状调查工作。这有利于确定合理的压力级制和燃具的转换方案，对发展燃气市场、稳定供气具有重要意义。

三要加大天然气项目的招商引资或采用现代项目融资（如 BOT）等方式，以增加城市基础设施建设的资金。

四要加强资金和企业管理制度，以促进燃气行业企业经营机制的全面转变，确保接纳天然气后能够正常运营。

五要积极开发推广天然气利用新市场，包括生产工艺用气市场、燃气空调市场、汽车用气等。同时，政府要制定一个合理的价格政策，依靠燃气企业的优良服务，依靠技术进步，巩固发展居民及公建用气市场，进一步扩大天然气使用规模。

四 鼓励开发利用可再生能源

在城市能源生态化改造初期，各类可再生能源的使用成本一般会高于现有的常规能源，而且在城市能源生态化改造过程中需要淘汰一些传统技术与设备，开发一系列新的技术与配套设施，政府对相关领域的扶持政策将直接关系到各种生态化能源的推广使用效果。因此，在能源生态化改造过程中，政府需要在理论、政策、制度、体制、机制上不断创新，研究制定鼓励可再生能源生产和消费的价格、税收、补贴等政策（苗俊杰，2004）。具体扶持政策建议见表 8-1。

表 8-1 沿海城市能源生态化改造过程中的扶持政策建议

	财政手段（津贴、贷款、税收减免）	非财政手段
技术研发	固定比例的政府 R&D 津贴 无息或低息贷款	协助新产品、新技术的展示、推广、认证
项目投资	由政府提供固定的投资津贴 建立特殊津贴申请体系 以生态技术淘汰传统技术与装置的转换补贴金 无息或低息贷款 生态化能源领域投资的税收减免 为生态技术提供贷款的利息收入税收减免	政府与生产商间的联合采购协议
产品生产	转移支付 关键设备进口关税特殊减免申报体系 生态产品收入税收减免	能源产品采购生态化产品配额制
能源消费	生态化能源消费税优惠政策	消费类能源产品配额制

（一）技术研发支持

可再生能源产品在研究、开发、推广过程中需要有政府提供的 R&D 补贴。由于技术水平直接决定了最终产品的成本、效益，以及商业化推广过程中的产品价格和推广空间，因此各类可再生能源的技术成熟程度将直接决定该类产品未来的应用前景。对于政府推行的各类可再生能源示范项目，由政府依据具体的需要提供所需的全部 R&D 财政补贴，而对于一些处于商业化推广过程中的可再生能源项目，则还需进一步在设备投资领域和市场推广中由政府提供进一步的帮助（陈甲斌，2003b）。

强化可再生能源关键技术设计制造攻关，鼓励企业与高等院校、科研院所实行产研联合，以加快与之有关的科技开发，并加速其成果的转化，从而促进行业总体技术与装备水平的提高。同时要密切关注国际可再生能源技术的发展，及时引进先进的技术和科研成果。

尽快建立和发展相应的技术服务体系。鼓励有条件的个人或集体开办新能源技术服务公司，承包新能源设备的销售、安装、调试、维修等技术服务工作，加强对各类技术服务公司的技术指导和职业培训，不断提高它们的服务能力和质量。

（二）项目投资鼓励

投资鼓励可以帮助可再生能源生产者克服项目运行之初大量启动成本筹集的困难，因此这类补贴可以有效地刺激成熟的可再生能源技术的商业化应用。对可再生能源项目启动之初的特殊排放物给以税收减免，实行特殊的增值税体系，以及设备折旧的特殊优惠政策。

改善投融资环境，建立通畅的投融资渠道，鼓励境外投资者参与可再生能源的开发。经过多年的研究和发展，发达国家在这些方面有大量成熟技术，可再生能源开发又属于风险投资，所以应鼓励外国投资者投资这个领域。

政府可以在基本建设投资资金中每年拿出一定比例的资金支持新能源和可再生能源项目建设，尤其是在技术经济性能较好的风力发电和太阳能利用领域。可以组织实施太阳能与建筑一体化示范工程，积极引导太阳能热水器企业参与示范工程建设，推动太阳能热水器作为建筑构件制造技术的开发与推广，扩大应用领域。

（三）转移支付

在扶持可再生能源发电过程中，转移支付手段可以是政府使用的重要方法体系。该体系通常对利用传统能源发出的电力征收每单位电力价格固定比例的产品税，然后直接按可再生能源发电的总电量直接支付给发电企业，而无须将税收纳入政府收入后再间接支付给可再生能源发电企业。这一做法更加符合市场经济运行规律，避免了硬性规定电力企业生态化发电比例所带来的不良后果，同时不会过大幅度地影响最终能源价格，也不会扭曲生态发电过程中的各种成本，而只是有效地起到了鼓励能源生产企业投资绿色能源的作用。

（四）特殊津贴申请体系

特殊津贴申请体系可以使政府有效地选择具体扶持对象，把握先进可再生能源技术的发展方向，进而提供从研发到商业化推广的整套特殊扶持体系。生态化能源技术多种多样，特殊津贴申请体系则使各种研发中的技术相互竞争以争取得到大力扶持，所以该体系不仅为最有前景的技术提供了扶持，也刺激了各类生态化技术的迅速发展。当然评判各种技术优越性的标准往往在每一轮扶持对象招标前就已明确确定。

（五）配额制

配额制主要着眼于长远目标，为了有效培育出可再生能源的供给和需求，并形成可再生能源循环各个环节上完善的经济实体，需要由政府针对各类新技术为各个生产环节创造出一个稳定的发展环境，并保护新技术各环节免遭传统竞争对手的压制。在发展可再生能源产业过程中，可以由政府依据长远能源规划，制定能源消耗企业采购可再生能源的最低量和最低单位价格。

政府也可以身先力行，大量采购可再生能源制品以扶持可再生能源企业的发展。可再生能源技术的不确定性，也往往导致产品成本的价格高过预期，这时经详细考察后，生产成本高过最低市场价格的部分便由政府从国家财政收入中出资补齐。

大多数的政策体系都是以上各种扶持政策的综合，而可再生能源产品市场最终由供需条件决定。对于可再生能源而言，政府的支持力度同样依靠对该项可再生能源项目的综合经济评价而定。

第二节　减量化供应对策

能源供应减量化思想的核心实际就是能源节约问题，在这方面有以下对策可供参考。

（1）建立合理的市场机制，维护良好的市场环境，使社会中每一个群体都在节能工作中能明确定位，每个环节具有清晰的责、权、利。有利于节能的环节就能够获益，反之则要受到经济规律和法律制度的惩罚，充分调动社会各方参与节能的积极性。

(2) 明确节能政策的目标，制定符合市场经济规律的各项节能经济激励政策。建立节能专项基金，解决节能融资问题，支持有市场潜力的节能技术的研究、开发及节能项目的改造；减免税政策是鼓励高效产品研发、生产、推广的措施，通过减免税政策，可以调动设备生产商、房地产开发商、工业企业、节能服务公司及终端用户推动节能的积极性。

(3) 提高能效标准，完善节能认证和标识制度。提高能效标准和认证机构的能力和范围，建立多行业的制定能效标准准入制度和多层次的节能产品认证机构，由政府立法对标准和认证机构的资质和水平进行监督和管理，尽快扩大能效标准覆盖的范围和通过节能认证产品的数量，引导消费者走向高效节能之路（陈甲斌，2003b）。

(4) 出台政府机构率先节能的法规条例，将节能产品采购纳入政府采购体系中。新建政府建筑必须达到建筑节能标准，甚至达到超低能耗建筑和绿色建筑的标准，对一些具有典型意义的既有政府建筑，应该对建筑物和建筑耗能系统、设备进行节能改造；通过节能产品的政府采购，提高办公设备、装备的能源利用效率，拉动高效节能产品的市场。

(5) 加强对节能政策法规的落实、监督工作。节能监测机构依据国家有关节约能源的法规、技术标准对能源的利用状况进行监督，对浪费能源的行为提出处理意见。加强对重点耗能企业的管理，包括对重点耗能企业实行用能和污染物排放年报制，并定期公示，接受社会监督，对不合理用能和对环境造成较大影响的企业给予一定的经济处罚；敦促重点耗能企业编制中长期能源使用及节能计划，加强能源管理者的培训（郁聪和康艳兵，2003）。

(6) 支持开发先进的节能技术，建立和完善节能技术的服务体系，培育和规范节能技术市场；重视科技进步工作，发展城市能源技术及能源有效利用技术。

(7) 政府要加强节能公众宣传和教育、节能信息传播等节能促进手段。

第三节　再利用供应对策

城市能源再利用主要是指实现能源的梯级利用，热电联产是其典型的应用。在这方面可以采取的对策主要如下。

(1) 做好城市热力规划。厂址的选择、供热范围、供热规模、机组选型等必须满足城市热力规划和城市电力发展规划的要求，在有条件的地方首先积极发展热电联产项目。同时，用完善的配套服务和较高的供汽质量来吸引企业成为集中供热的稳定用户，且通过合理规划供热布局，减小供热的峰谷差，降低成本，使用能企业从经济效益出发，减小投资，降低用能成本，提高采用集中供热的积极性。

（2）制定、落实有利于热电联产的优惠政策。为了促进热电联产的发展，政府应给予一些优惠政策。例如，合理调整供热平均单价，优先供应热电厂用煤，在集资还贷、税收等方面给予优惠等。

（3）设立城市热电管理局，实行热电联产的统一规划、统一管理。热电联产的建设涉及城建规划、环保等问题，建议设立城市热电管理局，在政府的领导下，负责城市热电联产的统一规划、能源的调配、热源点的分布、管网设置方案的确定；负责政府批准后的方案实施；在统一管理方面，热电管理局负有供热质量与安全供用热的监督职责（黄竹青，1998）。

（4）电力部门应加速中小火电机组的技术改造。有条件的应改造为供热机组，变小火电厂为热电厂，向城市供汽、供采暖与生活热水和供制冷用蒸汽，提高经济效益。

（5）建设一批生态工业园区。要建设生态工业园区，园区内企业全部实现清洁生产，企业与企业、企业与社区之间密切合作，实现物料的闭路循环和能源的梯度利用。

第四节 再循环供应对策

在能源再循环供应方案中，城市垃圾循环利用和粉煤灰综合利用是其主要实施手段。在这两方面采取相应对策，就可以大大提高城市能源再循环供应的水平。

首先，要促进城市垃圾循环利用。一是要将城市垃圾循环利用法律制度切实融入到环境法律体系中。增加企业与消费者的环保义务，企业负有缴纳产品的回收处理税的义务，以保证产品资源化生产厂的运转生产，同时企业负有对消费者进行商品再循环使用的提示义务。二是要成立垃圾处理工程技术开发中心，专门从事垃圾处理的工程技术研究开发，可以进行技术咨询、培训、设计、监理等内容。三是要积极发展城市垃圾焚烧发电厂。政府在城市垃圾焚烧发电厂的建设中应投入资金，同时在电厂运行时实施政府补贴政策，帮助电厂达到盈亏平衡。

其次，要提高粉煤灰综合利用水平。增加对粉煤灰综合利用研究的投入，开发新的利用途径，依靠技术进步进一步提高粉煤灰的用量。加强宣传，进一步提高认识，促进部门、行业、单位在粉煤灰利用方面的合作（陶有生，2000）。

参考文献 REFERENCE

北京市统计局，国家统计局北京调查总队 . 2012. 北京市 2011 年国民经济和社会发展统计公报 .

北京市统计局 . 2010a. 2009 年北京市国民经济和社会发展统计公报 .

北京市统计局 . 2010b. 2009 年北京市能耗、水耗情况公报 .

常晓茜 . 2004. 能源发展的先进理念——分布式供能系统对天津经济的影响. 环渤海经济瞭望，(7)：39-43.

陈甲斌 . 2003a. 关于我国可再生能源产业化措施的探讨 . 福建能源开发与节约，(4)：7，8.

陈甲斌 . 2003b. 我国现行节能政策及相关产业发展前景 . 福建能源开发与节约，(2)：5，6.

陈永江，匡宇红 . 2002. 天然气的应用前景 . 当代石油石化，10 (10)：23-25.

陈尊理，马文辉 . 2001. 提高能源效率是我国能源政策的首要选择 . 节能技术，19 (5)：36-40.

大连市统计局 . 2009. 大连统计年鉴 2009. 北京：中国统计出版社 .

大连市统计局 . 2010. 大连统计年鉴 2010. 北京：中国统计出版社 .

大连市统计局 . 2011. 大连统计年鉴 2011. 北京：中国统计出版社 .

戴彦德，朱跃中，刘志平 . 2003. 2020 年中国能源需求情景分析 . http://finance.sina.com/g/20031113/1317517647.shtml [2003-11-13] .

付蓉 . 2011. 国外绿色电价项目及对我国的启示 . 中国能源，33 (10)：19-21.

耿立宏，闫隆斌 . 2011. 北京电动汽车充换电服务网络建设与运营 . 水电管理，(12)：18-21.

郭琪，樊丽明 . 2007. 城市家庭节能措施选择偏好的联合分析——对山东省济南市居民的抽样调查 . 中国人口 · 资源与环境，17 (3)：149-153.

国际金融报 . 2003. 未来 20 年中国面临能源挑战 . http://news.sina.com/c/2003-12-15/09391344170s.shtml [2003-12-15] .

国家发改委气候司 . 2012. 国家发展改革委最新批准的 CDM 项目. http://cdm.ccchina.gov.cn/WebSite/CDM/UpFile/File3021.pdf [2012-12-8] .

国家发展和改革委员会 . 2011. 全国主要城市管道天然气价格数 . http://wenku.baidu.com/view/065ba45d941ea76e58fa04a2.html [2012-12-06] .

国家发展和改革委员会 . 2012. 天然气利用政策 . http://www. sdpc. gov. cn/zcfb/zcfbc/2012ling/t20121031 _ 511891. htm [2012-12-06] .
国家发展和改革委员会价格监测中心 . 2012. 2012 年 6 月全国主要城市管道天然气价格统计. http://news. gas5 how. com/News/Simple News. axpx? newid=317923 [2012-07-10] .
国家发展和改革委员会气候司 . 2012. 国家发展改革委最新批准的 CDM 项目 . http: //cdm. ccchina. gov. cn/WebSite/CDM/UpFile/File3021. pdf [2012-12-8] .
国家能源战略课题组 . 2003. 国家能源战略的基本构想 . http://finance. sina. com. cn/roll/20031110/1005511563. shtml [2012 - 12 - 06] .
国家统计局能源统计司 . 2011. 中国能源统计年鉴 2011. 北京：中国统计出版社 .
哈尔滨市统计局 . 2010. 2009 年哈尔滨市国民经济和社会发展统计公报 .
哈尔滨市统计局 . 2011. 哈尔滨统计年鉴 2011. 北京：中国统计出版社 .
洪水峰 . 2008. 我国绿色电力产业发展的对策建议——引进国际绿色电力制度的瓶颈分析 . 价格理论与实践，(10)：74，75.
胡正梁 . 2004. 节能——中国的“第五能源” . 山东经济战略研究，(6)：13-16.
黄乐桢 . 2003. 电荒煤荒油荒，能源：谁来供应中国？ http://www. people. com. cn/GB/jingji/1045/2259009. html [2012 - 12 - 06] .
黄德中 . 2003. 能源的绿色评价指标体系探讨 . 电站系统工程，19 (4)：37，38.
黄竹青 . 1998. 发展热电联产的建议 . 现代节能，(2)：37，38.
江亿 . 2002. 东部城市天然气应用方式探讨 . 中国工程科学，4 (10)：36-39.
江亿，付林 . 2001. 城市天然气采暖的新途径 . 中国能源，(6)：8-12.
姜云涛，刘存芳，仲大江，等 . 2004. 热电冷煤气等多联供系统的实现 . 山东冶金，26 (4)：46-48.
李存斌 . 1997. 建设项目综合评价方法及其应用 . 现代电力，14 (3)：79-85.
李先瑞 . 2004. 燃气壁挂炉采暖市场分析 . 现代家电，(1)：14-16.
李雪梅，李学伟 . 2004. 交通运输项目决策中综合评价方法及应用 . 交通运输系统工程与信息，4 (3)：55-59.
李忠东 . 2009. 各国发展绿色能源举措一览 . 现代经济信息，(12)：64-67.
梁薇薇 . 2012. 海洋能源开发潜力巨大 实际应用研发应加强 . http://www. china5e. com/show. php? contentid=242365 [2012-08-31] .
国际新能源网 . 2012. 美国政府高度关注可再生能源 . http://newenergy. in-en. com/html/newenergy-10491049231300387. html [2012-02-28] .
刘永健，郑诗文，张雪姣 . 2009. 沈阳市既有居住建筑节能改造现状分析与建议 . 节能技术与检测，37 (8)：62-64.
马国泰，朱万美，赵淑君 . 2004. 俄气南供与天然气利用规划 . 煤气与热力，24 (3)：148-151.
马士华，林勇，陈志祥 . 2000. 供应链管理 . 北京：机械工业出版社 .
马重芳，刘中良，吴延鹏，等 . 2003. 奥运建筑节能带给北京能源结构调整的思考 . 建设科技，(3)：36-39.
孟卫东，吉进波，司林波 . 2009. 国外风电产业发展的经验和启示 . 燕山大学学报，10 (4)：

108-113.
苗俊杰.2004.“激励”可再生能源开发.瞭望新闻周刊，(17)：28-31.
欧奕勤，张先迪.1988.模糊数学原理及应用.第3版.成都：成都电讯工程学院出版社.
庞名立.2012.联合国发布《2012可再生能源投资全球趋势报告》.http://www.whlib.ac.cn/xxfw/qbyj/xny/yjdt/201103/t20110318_3088996.html [2012-06-13].
彭红涛.2006.天然气汽车发展中存在的问题及对策研究.煤气与热力，26(3)：26-28.
青岛市统计局.2010.2008/2009年青岛市国民经济和社会发展统计公报.
青岛市统计局.2011.青岛统计年鉴2011.北京：中国统计出版社.
青岛市统计局.2012.青岛统计年鉴2012.北京：中国统计出版社.
清洁能源行动办公室.2005.城市清洁能源行动规划指南.北京：中国环境科学出版社：253-254.
邱大雄.1995.能源规划与系统分析.北京：清华大学出版社.
邱东.2002.观念创新与政策实施之桥——现代可持续发展指标.北京：中国财政经济出版社.
屈博闻.2012.建筑节能推广需政策给力.http://www.china5e.com/show.php?contentid=210976 [2012-02-24].
任意.2012.我国洁净煤技术有了系统规划——访清华大学低碳能源实验室常务副主任姚强.http://www.china5e.com/show.php?contentid=225244 [2012-05-28].
上海市统计局.2012.上海统计年鉴2012.北京：中国统计出版社.
上海市统计局、国家统计局上海调查总队.2011.http://www.statsh.gov.cn/sjfb/201103184174.html [2012-12-12].
沈国明.2001.21世纪的选择：中国生态经济的可持续发展.成都：四川人民出版社.
沈晟，罗卫红.2002.清洁能源技术的发展与前景.能源工程，(2)：18-21.
沈阳市统计局.2010.2009年沈阳市国民经济和社会发展统计公报.
沈阳市统计局.2011.沈阳统计年鉴2011.北京：中国统计出版社.
孙慧娟，刘广斌，杨舒君，等.2012.可再生能源配额制政策的国际经验及其对我国的启示.现代经济信息，(1)：305.
谭亚波.2012.今后5年亚洲风能发展将超过欧洲.http://www.china5e.com/show.php?contentid=220144 [2012-04-23].
唐忆文.2012.能源消费能源结构与上海的转型发展.上海节能，(8)：1-5.
陶有生.2000.关于进一步扩大提高粉煤灰利用水平的思考.粉煤灰，(3)：5-9.
汪寿建.1999.天然气综合利用评析(下).化肥设计，38(1)：5-8.
王鹤增，马振英.1994.粉煤灰的综合利用及其经济性简介.电力建设，(10)：42-45.
王鸿雁.2012.海洋能宝藏令人期待.http://www.china5e.com/show.php?contentid=211750 [2012-02-29].
王学涛，陈学军，万军.2002.国内外城市垃圾能源化利用方法初探.中国能源，(1)：39-41.
王祯.2010.欧盟2009年可再生能源发电量占新增发电装机容量的62%.http://new.xinhuanet.com/world/2010-07/06/c_12301067.htm [2010-07-06].
谢旭轩，王田，任东明.2012.美国可再生能源配额制最新进展及对我国启示.中国能源，

34 (3)：33—37.

新华网 . 2013. 中俄油气合作取得重大进展，天然气东线管道供气量确定 . http://news. sinhuanet. com/fotune/2013-02/26/c 114811550. htm [2013-02-26] .

徐明仿，晏刚，杜维明，等 . 2004. 天然气热、电、冷三联产系统的应用分析 . 天然气工业，24 (8)：92-96.

许祥左 . 2013. 美加中三国能源基本情况比较 . 徐州矿工报，http://www. xsdcb. com/newspaper/xzkgb/201303/83388. html [2013-03-28] .

杨儒石 . 2011. 青岛市能源消费因素贡献分析及节能对策研究 . 青岛：青岛大学硕士学位论文 .

杨爽 . 2011. 五期风电特许经营权招标分析 . 中外企业家，(6)：70-72.

杨玉军 . 2004. 我国热电联产的发展趋势 . 中国能源，26 (10)：31-33.

于海江 . 2012-11-08. 中国成全球绿色电力新引擎 . 中国电力报，第 5 版 .

于正茂 . 2012. 我国沼气工程的发展与现状 . http://www. jtagri. gov. cn/NLJ/infodetail/? infoid=d2ed4cd0-f818-4476-90d1-c3e879027306&categoryNum=010 [2012-03-13] .

郁聪，康艳兵 . 2003. 国内外节能政策的回顾及强化我国节能政策的建议 . 中国能源，25 (10)：4-13.

张帆，梁志鹏 . 2001. 我国天然气资源利用的主要途径 . 中国能源，(5)：39-41.

张虎 . 2004. 太阳能热利用技术在我国建筑节能中的应用探讨 . 住宅科技，(10)：32-35.

张丽坤，王海宽，刘开第 . 2004. 企业组织变革阻力评价的模糊综合评判模型 . 数量经济技术经济研究，(2)：94-99.

赵关良 . 2008. 上海启动自愿认购绿色电力活动 . http://www. china. com. cn/economic/zhuanti/wyh/2008-01/16/content _ 9539198. htm [2013-02-01] .

赵焕臣，许树柏，和金生 . 1986. 层次分析法 . 第 4 版 . 北京：科学出版社 .

赵晓波 . 2012-07-09. 沈阳市经济增长与能源消费的总量、结构及未来需求 . 中国能源报，第 24 版 .

中国国际贸易促进委员会驻法国代表处 . 2011. 法国风力发电市场发展现状分析 . http://ccn. mofcom. gov. cn/SPBG/show. php? id=11760 [2013-02-01] .

中国可再生能源学会 . 2012. 中国新能源与可再生能源年鉴 2011. 中国能源，34 (3)：33-37.

周兆军 . 2009-08-25. 可再生能源法修正案草案设可再生能源发展基金 . 中国改革报，第 5 版 .

周忠祥 . 2012. 2015 年中国太阳能发电装机容量较去年提高 7 倍 . http://www. china5e. com/show. php? contentid=251002 [2012-10-25] .

BP 集团 . 2012. BP 世界能源统计年鉴 . http://www. bp. com/content/dam/bp/pdf/sustainability/group-reports/BP Sustainabiliry Review 2012. pdf [2013-01-02] .

Carlsson-Kanyama A，Linder A，Eriksson B. 2005. Resindential energy behavior：does generation matter? International Journal of Consumer Studies，29 (3)：239-253.

Diepen A V. 2000. Households and Their Spatial Energetic Practices Searching for Sustainable Urban Forms (Doctoral Dissertation) . Netherlands：University of Groningen.

Frankfurt School UNEP Collaborating Centre. 2012. Global trends in renewable energy in vestment.

Linden A，Carlsson A，Eriksson B. 2006. Efficient and inefficient aspects of residential energy behaviour：what are the policy instruments for change? Energy Policy，34（14）：1918-1927.

McCrone A，Usher E，Sonntag-O'Brien V，et al. 2012. Global Trends In Renewable Energy Investment. New York：Renouf Pub Co. Ltd.

Parker P，Rowlands I H，Scott D. 2003. Innovations to reduce residential energy use and carbon emissions：an integrated approach. The Canadian Geographer，47：169-184.

Poortinga W，Steg L，Vlek C，et al. 2003. Household preferences for energy-saving measures：a conjoint analysis. Journal of Economic Psychology，24（1）：49-64.

Ren21 Steering Committee. 2008. Renewables 2008 Global status report.

Ren21 Steering Committee. 2011. Renewables 2011 Global status report.

Ren21 Steering Committee. 2012. Renewables 2012 Global status report.

“中国软科学研究丛书”已出版书目

《区域技术标准创新——北京地区实证研究》

《中外合资企业合作冲突防范管理》

《可持续发展中的科技创新——滨海新区实证研究》

《中国汽车产业自主创新战略》

《区域金融可持续发展论——基于制度的视角》

《中国科技力量布局分析与优化》

《促进老龄产业发展的机制和政策》

《政府科技投入与企业 R&D——实证研究与政策选择》

《沿海开放城市信息化带动工业化战略》

《全球化中的技术垄断与技术扩散》

《基因资源知识产权理论》

《跨国公司在华研发——发展、影响及对策研究》

《中国粮食安全发展战略与对策》

《地理信息资源产权研究》

《第四方物流理论与实践》

《西部生态脆弱贫困区优势产业培育》

《中国经济区——经济区空间演化机理及持续发展路径研究》

《研发外包：模式、机理及动态演化》

《中国纺织产业集群的演化理论与实证分析》

《国有森林资源产权制度变迁与改革研究》

《文化创意产业集群发展理论与实践》

《中国失业预警：理论、技术和方法》

《黑龙江省大豆产业发展战略研究》

《中小企业虚拟组织》

《气候变化对中国经济社会可持续发展的影响与应对》

《公共政策的风险评价》

《科技人力资源流动的个体选择与宏观表征》

《大型企业集团创新治理》

《我国小城镇可持续发展研究》

《食品安全法律控制研究》

《中国资源循环利用产业发展研究》

《新兴产业培育与发展研究——以安徽省为例》

《中国矿产地战略储备研究》

《中国经济增长可持续性——基于增长源泉的研究》

《归国留学人员的高技术创业》

《城市能源生态化供应与管理》

《技术对外依存与创新战略》

《高技术服务业创新：模式与案例》

《中外文化创意产业政策研究》